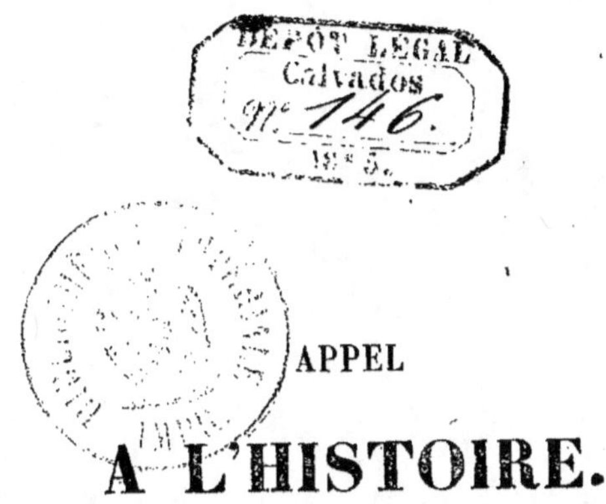

APPEL
A L'HISTOIRE.

APPEL

A L'HISTOIRE

SUR LES FAITS

de

L'AILE DROITE DE L'ARMÉE FRANÇAISE

LES 16, 17 ET 18 JUIN 1815

d'après

LES AUTOGRAPHES DU MARÉCHAL GROUCHY

DÉPOSÉS AUX ARCHIVES DE L'EMPIRE, AU NOM DE LA MÉMOIRE DE

SON CHEF D'ÉTAT-MAJOR.

BAYEUX

TYPOGRAPHIE SAINT-ANGE DUVANT.

Octobre — 1865.

INTRODUCTION.

Depuis longtemps la vérité serait à jour sur les faits capitaux qui tranchent la question militaire de Waterloo, si nombre de documents, émanés du maréchal Grouchy et de son état-major, n'avaient pas été retenus dans un état temporaire d'oblitération, par les intérêts et animosités respectives qui ont dominé toute discussion.

Le possesseur de ces documents autographes, croit qu'ils peuvent replacer la question sur la ligne primitive et réelle, qui est celle de la vérité ; il croit encore que, près du terme de sa carrière, il deviendrait coupable, non moins comme citoyen que comme neveu, si ces titres de vérité historique périssaient par oblitération entre ses mains, Il vient donc en faire le dépôt aux archives de l'Empire, et, simultanément, offrir au lecteur un précis par lequel il puisse être guidé dans les obscurités du labyrinthe.

Si les désirs les plus pressants, et les démarches les plus actives eussent pu être exaucés, ce travail ne paraîtrait point aujourd'hui sous le nom d'un homme obscur, et sous l'autorité d'un nom respecté dans l'univers, il accomplirait un chef-d'œuvre.—Mais le devoir ne peut faire crédit à l'avenir.

Tout tribunal entend les témoins d'un accusé, et les juge simultanément avec lui. Par quelle étrange fatalité les témoignages les plus officiels, les mieux parés du désintéressement de leurs auteurs, sont-ils encore passés sous silence dans l'histoire, quoique hautement publiés? Si cet état de choses qui existe encore aujourd'hui par les faits, n'était pas modifié par les devoirs et les droits, l'histoire écrite dans le passé perdrait de son autorité sur l'avenir.

A des époques rapprochées des événements, le maréchal Grouchy a demandé et obtenu des officiers de son état-major, des déclarations conformes aux siennes à lui-même. Toutes témoignent de faits importants, et celles qui sont confirmées par ses autographes, précisent les faits capitaux sur lesquels se résume la solution de la question suprême : c'est-à-dire les heures d'arrivée et de départ de Gembloux, et surtout celles des dépêches entre l'Empereur et Grouchy, les 17 et 18 Juin.

Les limites tracées par ces déclarations seront celles du présent travail, mais il doit nécessairement soumettre au lecteur des éléments d'appréciation, sur le caractère et la position relative de leurs auteurs.

Le général Le Sénécal était, en Egypte, chef d'état-major du général Reynier, commandant en chef la cavalerie de l'armée. Entraîné par son affection, il reprit au retour les mêmes fonctions près de lui dans le royaume de Naples, obtint ensuite un commandement important ; puis, par la faveur du prince Eugène provoquée par le général Grenier, fut appelé à la Grande Armée, où il commanda sa brigade d'Italie sous les ordres du général Gérard. Il est resté jusqu'à la mort très-affectionné à ce général, duquel il a reçu encore en septembre 1833, des preuves publiques d'estime et de bienveillance.

En 1815, le général Le Sénécal a occupé le même poste de Chef d'état-major, près du maréchal Grouchy dans tout le cours des Cent-Jours, a possédé toute sa confiance, et mérite redoublement d'estime, pour les preuves de dévouement périlleux et désintéressé, qu'il a données à son ancien chef dans tous les moments d'infortune. Placé dans un état de quasi-proscription sous le Gouvernement qui a succédé à l'Empire, il a accepté avec hauteur et dédain spoliations et animadversion, et n'est devenu qu'en 1830 membre du Conseil municipal d'une commune de 120 habitants, puis maire et membre du Conseil d'arrondissement. Il est mort célibataire en juillet 1836.

En décembre 1813, un frère beaucoup plus jeune que lui, officier prisonnier sur les pontons anglais, fut renvoyé comme phtysique, et mourut dans la voiture publique, à quelques lieues de sa famille. — Dans le même temps, son neveu sortant de St-Cyr, était sous Leipsik, promu par le général Belliard candidat à la décoration qu'il obtint en 1814. Ayant suivi son régiment, le 2e de ligne, à Waterloo, il y fut tué en tentant d'escalader un bâtiment pour l'incendier ; il avait alors vingt ans moins deux jours....

En rendant un hommage à deux oncles et un frère profondément chéris, l'auteur de ce travail croit démontrer que sa famille avait bien mérité de l'Empire. Les agitations du nom Grouchy, ont établi un étrange contraste entre les mérites et leurs conséquences.

M. Bella, chef de bataillon, officier de la Légion-d'honneur, était premier aide-de-camp du Maréchal . et partageait toute sa confiance avec le Chef d'état-major. Il lui avait été donné par le général Marchand en avril 1815, pour des services exigeant un officier de très-haut mérite.

M. Bella simple lieutenant lors de la première promotion de la Légion-d'honneur, y avait été compris sous le n° 898 et simultanément créé chevalier de l'Empire.

Malgré ses propres dangers qui l'avaient éloigné de France, M. Bella revint avec courage témoigner dans le procès du général Marchand. Classé dans la 14e catégorie, celle des *incorrigibles*, il quitta le service pour se livrer à des études industrielles et agricoles. Dès-lors il était comme militaire un homme considérable, la seconde période de sa vie l'a constitué, comme citoyen, *homme éminent*.

Appelé par le vœu public, et *quoique*, à l'emploi de fondateur et directeur de l'Institut agricole de Grignon près Paris, il y a obtenu des succès immenses, et y est mort en avril 1856 entouré de la vénération publique. Son emploi, son grade dans la Légion-d'honneur, ses succès, et une estime héréditaire toujours accroissante, prorogent son existence en la personne de son fils.

Le marquis de Blocqueville, chef d'escadron en 1815, était aide-de-camp du maréchal Grouchy; son caractère était aussi rempli de loyauté que vide de passion, et son témoignage est le même que celui de ses frères d'armes.

Devenu gendre du maréchal Davoust, et général, il a quitté le service vers 1850 étant dans une brillante position sociale. Il est mort à Paris vers 1859; nous avions obtenu son affection particulière, et encore en 1857 il nous avait confirmé l'exactitude des déclarations, avec une précision qui a puissamment contribué à fixer la nôtre.

Par leurs écrits et leurs explications verbales jusqu'à 1859, tous ces hommes eussent pu concourir à fixer la vérité historique.... Quelle nature de suspicion pouvait être soulevée, contre des existences accomplies dans un tel état de pureté et de dignité, protestant par lui-même contre tous sentiments intéressés ou officieux?.... Peut-être l'histoire honorera-t-elle d'un regret ces mémoires vénérables, lorsqu'elles lui auront rapporté le complément le plus essentiel de sa grande gloire.

Ce travail ne traitera que par les faits spéciaux uniquement ce qui concerne le maréchal Grouchy, et, le replaçant dans son meilleur âge, ne tiendra aucun compte de ce qui, dans les temps ultérieurs, peut être attribué bien plus encore à des influences intéressées, qu'à des défaillances personnelles.

Il s'efforcera également de ne traiter que par les faits,

une apologie irritante publiée en 1864, et ne répondra
aux négations adressées aux auteurs des déclarations,
que par les affirmations dont le Maréchal est l'auteur ;
alors peut-être le Grouchy militaire, replacé dans son
système primitif et réel d'argumentation, retrouvera dans
l'histoire une illustration de malheurs et de sincérité,
préférable à celle que des controverses trop hasardées
ont pu lui facturer jusqu'ici. Et d'ailleurs quand bien
même une gloire, dont toute autre n'est qu'un reflet,
ne serait pas intéressée dans la question, la vérité historique doit être non moins sacrée que la religion.

Nous terminons en protestant contre toute prétention
à l'honneur de la conclusion historique, qui sans nul
doute apparaîtra dans un avenir prochain. Un tel honneur
est le droit exclusif des histoires essentielles, qui
par l'étendue de leur cadre, l'abondance de leurs documents, la supériorité de leurs aperçus, la sincérité
de leur discussion contradictoire, ont construit le grand
édifice. Nous croyons avoir entre les mains quelques
parcelles du ciment qui peut consolider cet édifice, et
nous venons acquitter une dette envers la patrie comme
envers la famille, sans prétendre à autre chose qu'à
l'estime, qui ne peut jamais faire défaut à la probité.

THÉÂTRE DE LA GUERRE

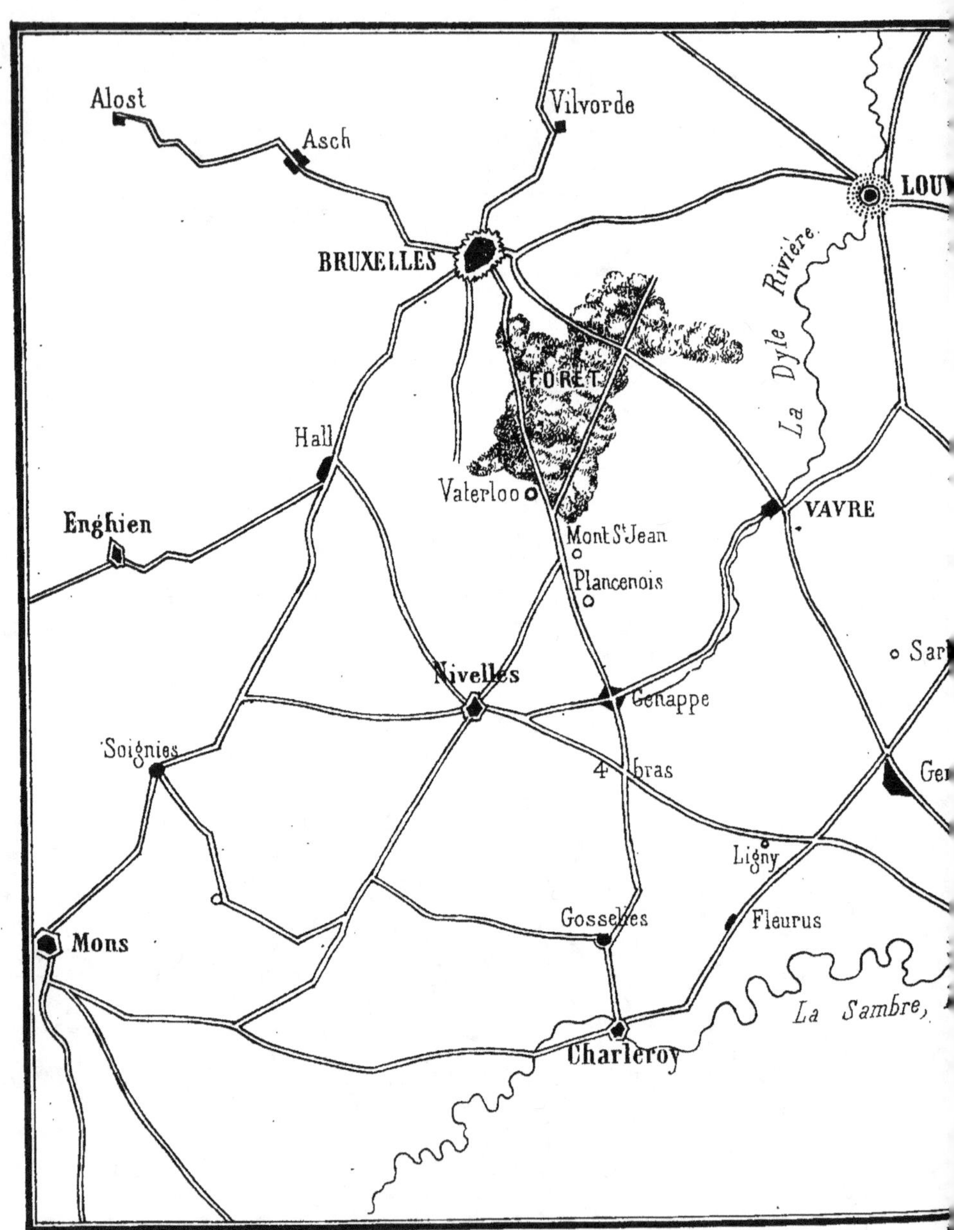

BELGIQUE, EN JUIN 1815.

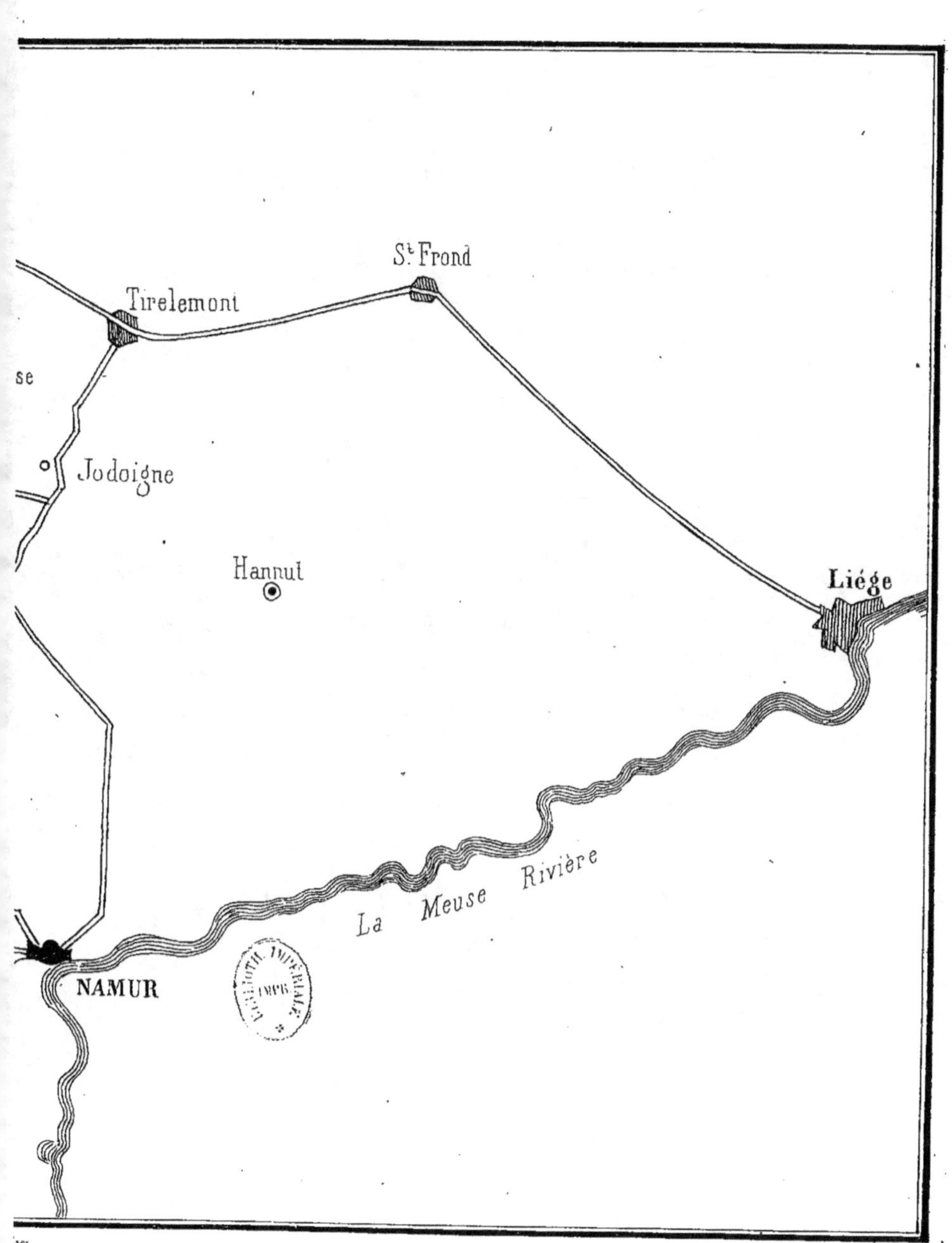

L'AILE DROITE DE L'ARMÉE FRANÇAISE

LES 16, 17 ET 18 JUIN 1815.

CHAPITRE Ier.

LIGNY, 16 ET 17 JUIN.

Le 16 Juin avant la bataille de Ligny, l'Empereur avait
arrêté la séparation ultérieure de son armée en deux ailes,
et placé la droite sous le commandement du maréchal
Grouchy; mais l'investiture effective était différée quant
aux corps Vandamme et Gérard, restant sous les ordres
directs de Napoléon lorsqu'il serait présent. En effet, il a
seul exercé le commandement pendant la bataille, à l'exclusion absolue de Grouchy, qui alors n'a commandé
personnellement que la cavalerie Exelmans et Pajol. Cette
cavalerie à laquelle s'est réunie pour un instant la division d'infanterie Hulot, qui formait la droite du corps de

Gérard, a, comme toujours, vaillamment accompli les opérations qui lui incombaient ; mais placée à l'extrême-droite de toute la ligne, en retrait et en équerre du corps de Gérard, l'essence de ses ordres était de surveiller et contenir Thielman, auquel elle faisait face dans une position relative ; et chacun de ces deux corps ennemis étant plutôt en réserve qu'en action, a peu souffert dans la bataille sous le rapport numérique.

Nous décrirons, d'après une autorité très-compétente, les positions respectives des deux armées le 16, à neuf heures et demie du soir, à l'issue de la bataille de Ligny.

Vandamme s'établit en avant de Saint-Amand, de la Haye et de Vagnelée. — Lobau sur le plateau de Bussy, ayant Gérard à sa droite. — La garde et les cuirassiers de Milhaud en seconde ligne. — Grouchy avec la division de Hulot, à Potriaux et au coude du Ligny.

Les Prussiens gardèrent Brye par une forte arrière-garde. — Les corps de Ziethen et Pirch se retirèrent sur Tilly ; celui de Thielman occupa Sombref et fut massé entre Cebourg et le Point-du-Jour. (Voir la carte n° 1er.)

L'Empereur ne pouvait ordonner poursuite de nuit, puisqu'il y avait simple défaite et non pas déroute ; que de Brye au lieu dit le Point-du-Jour, toute la ligne prussienne était fortement gardée, et que d'ailleurs il ignorait la situation aux Quatre-Bras.

Mais si l'ennemi défait ne devait point être immédiatement poursuivi, tous ses mouvements devaient être éclairés au plus vite et au plus près ; et, sous ce rapport, il est un principe incontestable jusqu'à l'absolu, c'est celui qu'un tel ordre existe par la seule autorité des faits,

Carte N.º 2.   POSITIONS RESPECTIVES DES ARMÉES FRANCAISE & PR
après la bataille de Ligny, le 16 Juin 1815.

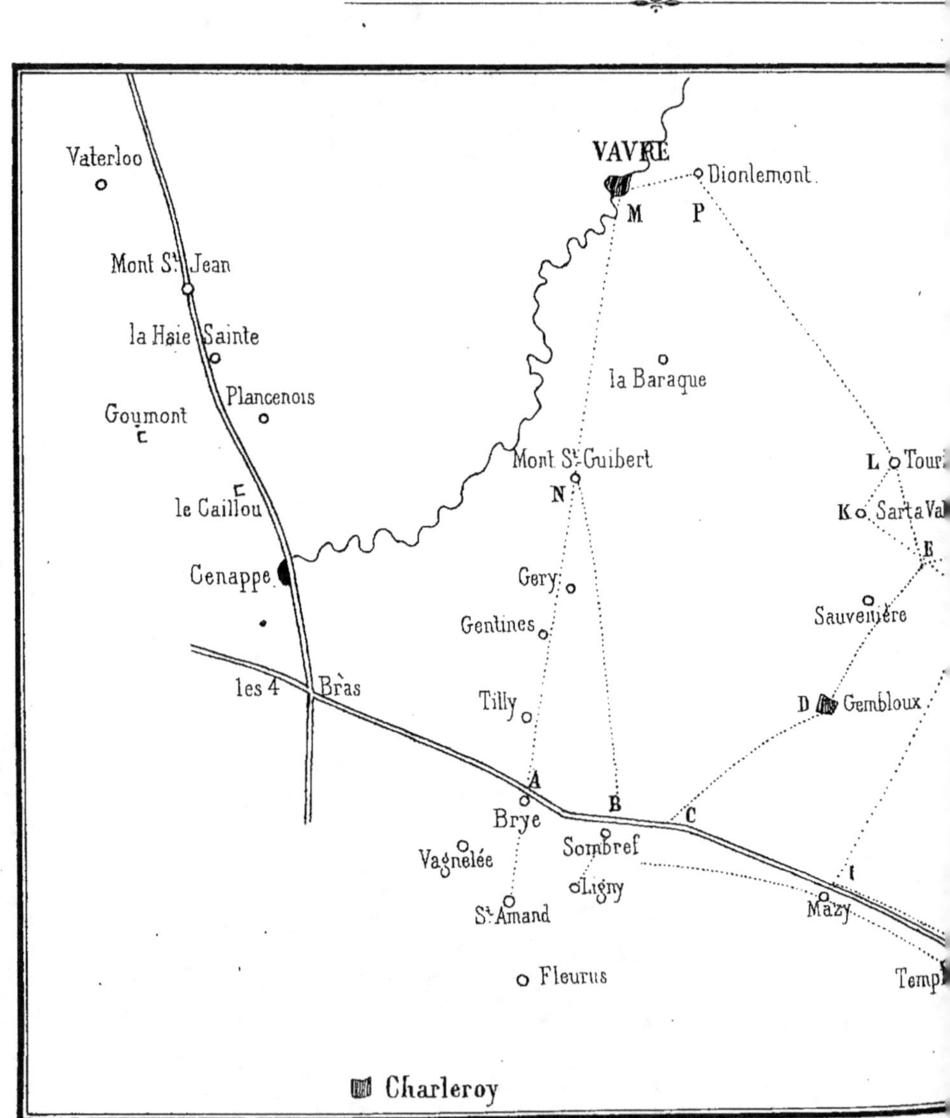

Vaterloo
Mont S.t Jean
la Haie Sainte
Plancenois
Goumont
le Caillou
Cenappe
les 4 Bras
VAVRE
Dionlemont
M
P
la Baraque
Mont S.t Guibert
N
L   Tour
K   Sarta Va
E
Gery
Gentines
Sauvemère
D   Gembloux
Tilly
A
B
C
Brye
Vagnelée
Sombref
Ligny
S.t Amand
Mazy
Fleurus
Templ
Charleroy
Lith Buchol, à Caen.

POSITIONS DES CORPS LE 16 AU SOIR.

A _______ Sous Brye, Vandamme face à Pirch.

A B _______ Lobau, face à Pirch et la droite de Ziethen.

B C _______ Gérard, face à Ziethen et la droite de Thielman.

C _______ Cavalerie légère de Gérard sous Valin face à la gauche de Thielman.

C _______ Dragons d'Excelmans, a droite de Valin, face à Gembloux.

C _______ A droite d'Excelmans, Cavalerie legère de Pajol, face à Namur.

RETRAITES DES PRUSSIENS.

A M _______ Retraite de Pirch le 17 au matin.

B M _______ idem de Ziethen.

B C D E M _______ idem de Thielman jusqu'au 17 au soir.

H E L P _______ Marches de Bulou le 17.

MARCHES DE L'AILE DROITE LE 17.

A C D _______ Vandamme

B C D _______ Gérard et Valin.

C D E F G K _______ Excelmans.

C J I _______ Pajol à Temploux, retour à Mazy

indépendamment de tout rappel central, et pour chaque chef du premier au dernier, dans les limites de son rayon d'action.

Parmi les troupes présentes qui devaient suivre l'Empereur dans la direction des Quatre-Bras, se trouvait à notre extrême gauche, la cavalerie légère du général Jacquinot détachée du corps de d'Erlon; d'après les ordres particuliers de l'Empereur, la gauche de la retraite des Prussiens a été éclairée par le général de Monthyon son aide-de-camp. Il est étrange de supposer que cette cavalerie eût du parcourir tout le front de notre ligne de la gauche à la droite, et usurpant les fonctions d'un autre corps dejà en position, aller éclairer la droite de la retraite des Prussiens, pour revenir aussitôt rejoindre la colonne expéditionnaire à laquelle elle appartenait.

Vandamme avait peu de cavalerie, la sienne ayant été détachée de son corps, et d'ailleurs sa position au centre de la ligne, ne lui donnait à cet égard ni devoir ni moyen d'action.

Gérard placé sur la droite de la ligne, avait sur sa droite à lui-même la division de cavalerie légère de Maurin remplacé par Valin, et placée sous ses ordres spéciaux. Cette division semblable quant à l'arme, égale quant au nombre à la cavalerie Jacquinot, avait à la droite de la ligne la même destination que l'autre à la gauche; et si sa position n'eût pas été le résultat de l'ordre formel le plus sagement combiné, elle eût été dans cette circonstance particulière une faveur de la Providence,

Il est rationnel d'admettre que l'interposition de Thielman

couvrant exactement la retraite de Pirch et Ziethen pendant la nuit, cette cavalerie légère n'ait eu alors d'autre fonction que celle de simple vigilance. Mais il en fut tout autrement lorsque Thielman leva ostensiblement ses bivacs de 4 à 6 heures du matin, et personne n'oserait supposer que ni Gérard ni Valin eussent fait défaut à leur dévouement habituel.

A ce moment de la levée des bivacs de Thielman, Grouchy avait lancé la cavalerie légère de Pajol dans la direction de Namur, seul espace resté libre, et cette mesure accomplie par un chef justement qualifié du titre « *alerte et vigoureux Pajol* » avait eu un résultat de haute importance. — En outre de la surveillance très-laborieuse exercée pendant la nuit par les dragons du général Exelmans, il avait déjà reçu l'ordre de poursuivre Thielman dans la direction de Gembloux. — Tous les devoirs de Grouchy étaient donc épuisés jusqu'à la perfection, lorsque resté sans troupes, il se rendit au point du jour à Fleurus distant de plus d'une lieue, au quartier-général de l'Empereur, et d'après ses ordres, alla l'attendre à Ligny, où il fut retenu jusqu'à midi.

Pendant cet espace de temps, à partir de quatre heures du matin jusqu'à midi, la cavalerie légère restée de fait comme de droit sous les ordres du général Gérard, était à sa seule disposition; et, on le répète, il est interdit de supposer, en face de tels chefs, que les ordres dictés par la circonstance, n'auraient pas été habilement donnés, résolument exécutés. — Le champ qui restait ouvert à la cavalerie légère par sa position de bataille, et les mouvements contigus des corps français et prussiens, était l'espace compris entre la ligne de marche de Thielman suivi par Exelmans, et celle de Pirch et Ziethen vers Gery et Gentines dans la direction de Vavres... Comment comprendre que dans aucune histoire, dans aucune correspondances officielle ou privée, il n'ait jamais été rendu compte d'aucune des explorations de ce corps, tandis qu'elles étaient alors et se trouvent être encore aujourd'hui le nœud d'une question toute principale ? — Comment comprendre que dans une marche de huit heures, de Ligny à Gembloux, les corps Vandamme et Gérard ayant nécessairement à leur gauche, et à une distance rapprochée, cette cavalerie dont le chef avait à correspondre avec son supérieur immédiat le général Gérard, ce dernier n'ait eu rien à apprendre à son sujet à Gembloux au Commandant de l'aîle droite ?

Le général Valin n'avait à la vérité à correspondre, surtout le 17, qu'avec le général Gérard son chef immédiat ; mais quel autre que lui a pu reconnaître le passage de deux fortes colonnes prussiennes par Gery et Gentines dans la direction de Vavres ? Par quelle fatalité cette information parvenue à l'Empereur, n'est-elle revenue que par lui le 18, a midi, au chef de l'aîle droite qui seul pouvait y pourvoir ?

Dans un tel état de choses, aussi exact que parfait sous le rapport des combinaisons du chef suprême, c'est une dérision à l'égard du lecteur, de prétendre que l'Empereur marchant avec l'aîle gauche, dans une direction diamétralement opposée à celle de l'aîle droite, devait éclairer la position des Prussiens sur la droite de la Dyle. C'est une dérision non moindre encore, que celle de cette prétendue

Grouchy 70 à 77
Charras 226 229

faute irréparable, d'une avance de 14 heures laissée aux Prussiens sur notre aîle droite. Il s'agissait beaucoup moins de les combattre que de les surveiller et pénétrer leurs résolutions. Leurs mouvements étant convenablement éclairés, peu importait qu'ils fissent leur marche pendant notre repos, et nous une marche équivalente pendant le leur; mais il importait souverainement comme solution du plan de toute la campagne, que leur initiative rendue libre, eût démontré par les faits quel était leur propre plan de campagne, sans nul doute antérieurement arrêté et difficile à modifier ultérieurement.

Tels sont les effets primitifs de l'esprit de censure, et tel est son avenir, lorsqu'il a prononcé sous l'inspiration aveugle ou aveuglée des premières impressions.

LIGNY LE 17 A MIDI.

Grouchy 18 26
164
Charras 222

Grouchy 18 165
189
Charras 224

Grouchy 28
Charras 225 227
586 587

Il importe fort peu en ce qui concerne Grouchy, que l'Empereur soit arrivé sur le champ de bataille de Ligny, un peu avant ou après neuf heures; que détachant l'aîle droite, et inaugurant comme effectif le commandement jusque là nominal, du chef de cette aîle sur les corps de Vandamme et Gérard, cette mesure ait eu lieu une heure plus tôt ou plus tard. Nous n'accorderons pas plus d'importance à tel commentaire facultatif de l'ordre verbal de l'Empereur, et de l'ordre écrit qui suivit bientôt après. Evidemment ils n'avaient et ne pouvaient avoir d'autres sens précis, que celui d'éclaircir des obscurités, pourvoir à des éventualités, et n'étaient pas la consigne matérielle donnée à un caporal.

Voici cet ordre :

Mettez-vous à la poursuite des Prussiens, complétez leur défaite en les attaquant dès que vous les aurez joints, et ne les perdez jamais de vue ; je vais réunir au corps du maréchal Ney les troupes que j'emmène, et attaquer les Anglais s'ils tiennent de ce côté-ci de la forêt de Soignes. Vous correspondrez avec moi par une route pavée, (qu'il montra du doigt) et qui était eelle de Namur aux Quatre-Bras.

Immédiatement après avoir reçu cet ordre, le Maréchal le transmit à Vandamme à Saint-Amand, et ayant remarqué que les troupes de Gérard n'étaient pas en mesure, se rendit lui-même à son Quartier-général à Ligny. Il le trouva déjeunant en très-nombreuse compagnie, et en reçut un accueil dont il nous a fait la pénible confidence. Nous croyons pouvoir la répéter, sous la garantie de termes beaucoup plus graves, insérés par M. le marquis de Grouchy dans sa brochure de 1864 au sujet de la journée du 17, pendant laquelle le Maréchal n'a pas eu d'autre rapport personnel avec le général Gérard. En outre de l'inconvenance générale de la réception, cet accueil se résumerait en cette réponse-ci : « *C'est bien, soyez tranquille, faites votre affaire je ferai la mienne.* » Et cet écho » *Oui nous ferons la nôtre.* »

Grouchy partit bientôt après pour Gembloux et reçut en route l'ordre écrit, daté ailleurs *midi*, et présentant quelques différences avec la copie suivante publiée par lui.

Ligny, le 17 juin 1815, reçu sur la route de Namur.

Rendez vous à Gembloux avec le corps de cavalerie du général Pajol, la cavalerie du 4e corps, la cavalerie du général Exelmans, la division du général Teste dont vous aurez un soin particulier, étant détachée de son corps d'armée, et le troisième et le quatrième corps d'infanterie. Vous vous ferez éclairer sur la direction de Namur et de

2

Maestrick, et vous poursuivrez l'ennemi ; éclairez sa marche et ins-truisez-vous de ses mouvements, de manière à ce que je puisse pé-nétrer ce qu'il veut faire. Je porte mon Quartier-général aux Quatre chemins, où ce matin étaient encore les Anglais. Notre communica-tion sera donc la route pavée de Namur. Ecrivez au général comman-dant la 2ᵉ division militaire à Charlemont, de faire occuper Namur par quelques bataillons de garde nationale, et quelques batteries de canon qu'il formera à Charlemont, il donnera le commandement à un Maréchal-de-camp,

Il est important de pénétrer ce que veulent faire Blucher et Wel-lington, et s'ils se proposent de réunir leurs armées pour couvrir Bruxelles et Liége, en tentant le sort d'une bataille. Dans tous les cas tenez constamment vos deux corps d'infanterie réunis dans une lieue de terrain, ayant plusieurs débouchés de retraite ; placez des déta-chements de cavalerie intermédiaires pour communiquer avec le Quartier-général.

Dicté par l'Empereur en l'absence du Major-général.

Le Grand Maréchal,

BERTRAND.

Ayant reçu cet ordre en route, Grouchy est arrivé à Gembloux avant ses troupes vers sept heures, et a du bien comprendre que la désignation Namur et Maestrick étaient l'accessoire de l'ordre, comme il a bien compris que l'objet essentiel était « *éclairer la marche de l'en-nemi, pénétrer ce qu'il veut faire.* » Ses documents de Gembloux en sont la preuve.

GEMBLOUX, NUIT DU 17 AU 18.

Gembloux, 17 juin 1815, à 10 heures du soir.

Sire, J'ai l'honneur de vous informer que j'occupe Gembloux où commence à arriver le 4ᵉ corps ; le troisième est en avant de cette ville, et une partie de ma cavalerie est à Sauvenières.

Le corps prussien fort d'environ trente mille hommes, qui était encore ici ce matin, a effectué son mouvement de retraite dans la direction de Sauvenières. D'après plusieurs rapports, il paraîtrait, qu'arrivée à Sauvenières, une partie de l'armée prussienne se serait divisée ; une colonne se serait portée sur Pervez-le-Marché, une autre aurait pris le chemin de Vavres en passant par Sart-à-Valain. Peut-être pourrait-on en inférer que quelques corps prussiens iraient joindre Wellington, et que d'autres se retireraient sur Liége.

Une colonne prussienne avec de l'artillerie, a pris en quittant le champ de bataille de Fleurus la route de Namur. L'ennemi nous a abandonné à Gembloux un parc de 400 bêtes à cornes, des magasins, des bagages.

Le général Exelmans a ordre de pousser ce soir six escadrons sur Sart-à-Valain, et trois sur Pervez.

Si j'apprends par des rapports qui, j'espère, me parviendront pendant la nuit, que de fortes masses prussiennes se portent sur Vavres, je les suivrai dans cette direction et les attaquerai dès que je les aurait jointes.

Les généraux Thielman et Borstel faisaient partie de l'armée que Votre Majesté a battue hier ; ils étaient encore ici ce matin et ont avoué que vingt mille hommes des leurs avaient été mis hors de combat. Ils ont demandé en partant les distances de Vavres et de Pervez.

Blucher a été légèrement blessé au bras le 16, ce qui ne l'a pas empêché de commander après s'être fait panser. Il n'a point passé par Gembloux.

Maréchal GROUCHY.

A la suite de cette lettre est annexée la copie de divers renseignements, que j'ai recueillis de la bouche des plus notables habitants de Gembloux, depuis mon arrivée dans cette ville, et qui m'ont été fournis par un de mes aide-de-camp le chef d'escadron Lafontaine, belge d'origine, et qui se les est procuré dans les villages environnants.

Il est inexplicable, d'après cette lettre, que Grouchy n'ait pas cent fois compris qu'il avait éclairé Thielman seul et ne suivait que lui; que par conséquent Zieten et Pirch étaient sur sa gauche, probablement entre lui et la Dyle, mais certainement rapprochés de Vavres.

Charras 571

Gembloux, 18 juin 1815, 2 heures du matin.

Sire, Tous mes rapports et renseignements confirment que l'ennemi se retire sur Bruxelles, pour s'y concentrer ou livrer bataille après s'être réuni à Wellington.

Charras 70 88

Namur est évacué à ce que me marque le général Pajol. Le premier et le second corps de l'armée prussienne me paraissent se diriger, le premier sur Corbais, et le deuxième sur Chaumont. Ils doivent être partis hier à huit heures et demie de Tourinnes, et avoir marché toute la nuit; heureusement qu'elle a été si mauvaise qu'ils n'auront pu faire beaucoup de chemin.

Je pars à l'instant pour Sart-à-Valain, d'où je me porterai à Corbais et à Vavres. J'aurai l'honneur de vous écrire de l'une ou l'autre de ces villes.

Charras 554

Maréchal GROUCHY.

Je laisse ici 25 chevaux pour assurer la correspondance avec Votre Majesté.

Les corps d'infanterie et de cavalerie que j'ai avec moi, n'ont qu'un approvisionnement et demi, de sorte qu'en cas d'une affaire majeure, il me paraîtrait nécessaire que Votre Majesté voulut bien faire approcher les réserves de munitions, ou m'indiquer les points où l'artillerie pourrait aller prendre ses remplacements.

Thiers 189
Grouchy 46
Charras 566

Le texte de cette lettre de deux heures du matin, a été ignoré de **M.** Thiers et de **M.** Charras; il fournit au premier un *a fortiori*, et fait lacune dans l'argumentation du second.

Charras 77

Le premier et le second corps de l'armée prussienne sont Ziethen et Pirch; donc Grouchy croyait avoir éclairé, avoir devant lui, et suivre tout ce qui avait combattu à Ligny.... Les mots « *La nuit a été si mauvaise qu'ils n'auront pu faire beaucoup de chemin.* » indiquent qu'il

croyait les rejoindre et s'attacher à eux comme une re-
morque.

Mais la concentration vers Bruxelles après s'être réunis
à Wellington; la demande du renouvellement des munitions, sont la révélation d'une nouvelle opinion surgissant
dans la tête de Grouchy, et modifiant celle que jusque-là
il s'était formée sur l'essence de ses ordres. — Evidemment il pensa alors que la bataille ne pouvait avoir lieu
le 18, mais se préparait pour le 19 et au-delà de Vavres.

Bien avant l'expédition de cette lettre, Grouchy eût du
avoir celle de l'Empereur, 10 heures du soir. Les dispositions de ce dernier prouvent la conviction qu'elle a été
reçue; son silence à cet égard dans la lettre de 10 heures
du matin, prouve qu'il considérait, avec raison, la lettre
de Grouchy, comme étant la réponse la plus complète,
faite d'avance à la sienne. — Mais il est non moins évident que Grouchy ne l'a pas reçue, et par l'absence
d'accusé de réception dans sa lettre suivante, comme par
le texte même de cette lettre, la non-réception est incontestable. Du reste, Grouchy le plus intéressé à rendre douteuse l'existence même de cette dépêche, atteste
par deux pièces publiées, qu'elle a existé mais est tom-
bée entre les mains de l'ennemi.

Avant de quitter cette pièce, il est essentiel de faire
remarquer que, si d'une part l'Empereur a pu se reposer
sur les dispositions conformes de son Lieutenant, d'autre
part, celui-ci ignorant celles de l'Empereur, sa situation
aux Quatre-Bras, et la probabilité de la bataille le 18 à
Waterloo, a dû persister, jusqu'à nouvel ordre, dans le

sens absolu qu'il attribuait à celui de la veille : « *Garder la ligne de la Meuse et Namur* »; interprétation alors encore très-rationnelle.

GEMBLOUX, 18 JUIN AU MATIN.

Charras 250

Après avoir écrit à deux heures du matin, Grouchy sortait de Gembloux entre trois et quatre heures marchant vers Sart-à-Valain. Il avait alors reçu ou adressé les dépêches suivantes :

A.

Rappel de sa lettre à l'Empereur, 10 heures du soir.

B.

Rappel de sa seconde lettre à l'Empereur, 2 heures du matin.

C.

Au général Gérard, 17 juin 1815.

Envoyez l'ordre à votre cavalerie qui est restée à Roty, d'en partir demain à la pointe du jour pour se porter a Grand-Lez; il est nécessaire qu'elle en parte demain de très-bonne heure, afin d'arriver à temps pour que nous la rallions quand nous serons à hauteur de Grand-Lez.

D.

Grouchy 6 206

Du général Pajol. — En avant de Mazy, 17 juin 1815, à midi.

Je vous ai envoyé prévenir dès ce matin à 5 heures, que l'ennemi ayant évacué sa position à 2 heures 1|4, je me mettais à sa poursuite, que je m'étais emparé de 8 pièces de canon, et une immense quantité de voitures, bagages et fourrages.... L'ennemi continuant sa retraite sur St-Denis et Leuze, pour gagner la route de Namur à Louvain, et ayant été prévenu que beaucoup d'artillerie et de munitions partent de cette première ville pour se retirer aussi par la même route, je vais me mettre en marche avec la division Teste, pour chercher à arriver ce soir à Leuze et couper la route de Namur à Louvain.

E.

Au général Gérard.—Gembloux, 17 juin, 10 h. du soir.

Je désire que vous vous mettiez en mouvement demain 18 courant, à huit heures du matin. Vous suivrez le corps du général Vandamme, et nous nous porterons d'abord sur Sart-à-Valain. Les renseignements ultérieurs que je recueillerai, et les rapports de mes reconnaissances sur Pervez et Sart-à-Valain régleront ma marche ultérieure.

F.

Au général Vandamme, — Gembloux, 17 juin au soir.

Ainsi que nous en sommes convenus, je désire que vous vous mettiez en mouvement, demain avant cinq heures et que vous vous portiez sur Sart-à-Valain.

Vous serez précédé de la cavalerie du général Exelmans et suivi du corps du général Gérard. Le général Pajol marche de Mazy route de Namur sur Grand-Lez

G.

Au général Exelmans. — 17 juin, 7 heures du soir.

J'arrive ici avec les corps Vandamme et Gérard.... L'ennemi se retirant par divers points, a pris, m'assure-t-on, la route de Pervez et de Leuze, poursuivi par Pajol qui espère arriver ce soir à Leuze.

Il faut demain que nous le talonnions de très près ; je mettrai donc en marche Vandamme à la petite pointe du jour et me lierai à vous. Répondez-moi promptement et me donnez tous les détails possibles, afin que je les transmette à Sa Majesté qui attaque aujourd'hui Wellington aux Quatre-chemins, s'il y a pris position.

H.

Du général Exelmans — Le 17 juin 1815.

J'ai l'honneur de vous informer ce matin du mouvement que j'ai fait sur Gembloux, pour y suivre l'ennemi qui s'y est massé. Je l'ai observé jusqu'à présent et ne lui ai pas vu faire de mouvement ; son armée est sur la gauche de l'Orneau ; il a seulement sur la droite de cette rivière un bataillon en avant de Basse Baudecet ; aussitôt qu'il se mettra en mouvement je le suivrai.

J'ai dit ce matin à Votre Excellence que mon monde était sur les dents. Ce qui les a le plus fatigués, c'est le service que les dragons ont été obligés de faire cette nuit, et l'on ne peut exiger d'eux qu'ils fassent cela aussi bien que la cavalerie légère, car ils n'y entendent presque rien et éreintent leurs chevaux beaucoup plus vite.

Grouchy 26.

I.

Grouchy 55

Au général Pajol. — Gembloux, 17 juin, 10 h. du soir.

Partir à le pointe du jour de Mazy... Aller à Grand Lez... Attendre des ordres... L'ennemi avait encore 50,000 hommes ici à midi... Suivant les renseignements que je recueillerai ici dans la nuit et les votres, peut-être rabattrai-je sur Pervez... Pousser une reconnaissance sur Namur... Qu'elle sache s'il est évacué, ce qui y a passé... Elle vous rejoindra à Grand Lez sans revenir à Mazy... Portez-vous sur Grand Lez sans revenir par Gembloux que vous trouveriez encombré.

J.

Grouchy 34

Du général Vandamme. — Gembloux, 17 juin.

Les généraux Thielman et Borstel faisaient partie de l'armée que nous avons eue en tête. Ils sont arrivés ici ce matin vers six heures, et en sont partis vers dix heures.

K.

Grouchy 24

Du général Bonnemain. — Ernage, 17 juin, 10 h. 1[4 du soir.

L'ennemi a occupé jusqu'au soir le village de Tourinnes. Il y avait selon le dire des paysans beaucoup d'infanterie, et quelque cavalerie, qui couvraient la marche d'un convoi. Je les ai observé jusqu'à la nuit et ai rétrogradé sur Baudecet... Un paysan que j'ai envoyé de Sart-à-Valain à Tourinnes, m'assure à l'instant que l'ennemi est parti de ce dernier endroit à huit heures un quart du soir.

L.

Grouchy 45

Au général Pajol, au Grand Lez. — 18 juin, à la pointe du jour.

Un grand parc d'artillerie doit être en ce moment à une lieue et demie de Grand Lez... Faites vérifier... Tombez dessus... Si vous ne pouviez pas mordre, je vous ferais appuyer par des troupes que je vous enverrais de Sart-à-Valain où je me rends.

Le mouvement de retraite de l'armée de Blucher me paraît prononcé sur Bruxelles. Ainsi dans le cas où l'avis que je vous donne serait dénué de fondement, arrivez en grande hâte à Tourinnes, afin que nous poussions en avant de Vavres le plus promptement possible.

M.

Au général Pajol, à Grand Lez. — 18 juin, 5 h. du matin.

Partir de Grand Lez à réception du présent ordre, et vous rendre à Tourinnes, où vous recevrez de nouveaux ordres.

N.

Du général Pajol. — Mazy, 18 juin, 4 heures du matin.

Hier Namur était évacué et j'avais poussé mes troupes au-delà de Gembloux et de Meux, mais apprenant qu'un corps de 25 à 30,000 hommes était réuni à Gembloux, et n'étant pas soutenu je m'étais retiré à Mazy... Je serais déjà à Grand Lez où je me rends, et où j'aurai l'honneur de vous voir.

De tous ces renseignements alors très-confus, et que les faits et le temps ont pu seuls éclaircir ultérieurement, il résulte :

1° Que le 18 juin, de 2 à 11 heures du matin, Grouchy croyait être à la poursuite des premier et second corps prussiens, Ziethen et Pirch, sur la ligne la plus directe de Gembloux à Vavres, et de Thielman à leur suite.

2° Qu'en réalité il n'y avait eu sur la ligne la plus directe que Thielman seul, et sur la droite à partir de Basse-Baudecet, les arrières-gardes de Bulow, sur la marche duquel il n'a eu que très-tard le renseignement confus, indiqué dans sa lettre de onze heures du matin.

3° Que par conséquent, Ziethen et Pirch, libres et ignorés de Grouchy, étaient en pleine vacance sur sa gauche vers la Dyle.

4° Que toutefois la concentration vers Bruxelles, faisait présager à Grouchy une bataille générale, mais pour le lendemain au plutôt, et au-delà de Vavres sur la ligne de Bruxelles à Louvain.

De toutes et chacune de ces pièces il résulte la certitude : que les ordres de départ de Gembloux ont été donnés, pour le corps de Vandamme, *le point du jour*, pour le corps Gérard, *six heures du matin*, et cela ainsi que l'a déclaré le général Le Sénécal, certificateur officiel en sa qualité de Chef d'état-major.

En effet, aucune lettre n'autorise une autre supposition, en ce qui concerne Vandamme. Voir F. G. L. M.

En ce qui concerne Gérard, l'heure est confirmée par les nécessités des lettres C. L. F. G. I M. La seule lettre E publiée par la brochure de 1864 accepte huit heures. S'il en eût été ainsi, ce départ tardif eût disloqué les dispositions respectivement indiquées et prescrites, entre le chef supérieur et ses subordonnés ; eût enfreint l'ordre de tenir les deux corps réunis dans une lieue de terrain, puisque Gérard séparé de Vandamme par une grande partie de cette lieue comprenant la traverse de Gembloux, en eût alors été éloigné par un retard de trois heures en minimum. — Pour dernier argument, que l'on jette les yeux sur les lettres D. I. L. M. au général Pajol, et on reconnaîtra qu'alors nos troupes n'eussent pas été à Sart-à-Valain, à hauteur et en même temps que Pajol à Grand Lez, prêtes à le soutenir, et qu'alors l'ordre qui lui était adressé n'eût été que celui d'aller s'y faire égorger. En un mot l'ordre pour six heures est *certain*, parceque tout autre est impossible !.. Du reste, indépendamment des déclarations du Chef d'état-major, on rétablira facilement cette date de six heures du matin, par les autographes du Maréchal lui-même.

SART-A-VALAIN, LE 18 JUIN.

Le major de La Fresnaye, porteur de la lettre suivante, montant à cheval lorsque la canonnade a commencé sourdement, devait avoir reçu cette lettre depuis quelques minutes. Or la canonnade a commencé sur Hougoumont à 11 heures 35.

Le général Gérard venu près du Maréchal, en raison de la lettre E, l'a trouvé déjeunant, avec sobriété sans nul doute, car il a toujours été très sobre.

Avant la canonnade, Gérard soit tête à tête, soit plus probablement en présence du Chef d'état-major, a commencé à insinuer son conseil, très en rapport avec le retard de ses troupes. De 11 heures 30 minutes à 11 heures 45 minutes, le Maréchal, *homme sobre*, pouvait fort bien en être arrivé aux *fraises*, lorsqu'un nouvel interlocuteur est venu annoncer la canonnade. Plusieurs généraux sont survenus, on s'est transporté sur un boulingrin dans le jardin de M. Hollaert ; la canonnade n'a pas paru d'abord être celle d'une bataille générale, mais bientôt le fait a été démontré incontestable, par l'intensité et le développement du feu des grandes batteries qui a commencé à midi. C'est alors que la discussion, jusque-là entretenue, animée sans être injurieuse, a pris fin par le refus péremptoire de Grouchy. Il a écrit : « *Je venais de recevoir la lettre du Major-général.* » Ces faits semblent fixer la réception de la lettre, et la fin de la discussion au plus tard à midi et demi.

En se reportant à la lettre de l'Empereur, 17 juin à 3 heures, on voit à la fin : « *Placez des détachements de cavalerie intermédiaires pour communiquer avec le Quartier-général.* » Puis à la fin de la lettre de Grouchy, deux heures du matin : « *Je laisse ici vingt-cinq chevaux pour assurer la correspondance avec Votre Majesté.* » On trouve la preuve que la première lettre, *Marche sur Vavres*, n'a pas été remise par M. Zenoviez, mais bien par le poste laissé à Gembloux par Grouchy.

C'est ici le moment de lire la lettre de Grouchy.

Sart-à-Valain, le 18 juin 1815, 11 heures du matin.

Sire, Je ne perds pas un moment à vous transmettre les renseignements que je recueille ici ; je les regarde comme positifs, et afin que Votre Majesté les reçoive plus promptement, je les lui expédie par le major La Fresnaye son ancien page, il est bien monté et bon écuyer.

Les 1er. 2e et 5e corps de Blucher marchent dans la direction de Bruxelles. Deux de ces corps ont passé à Sart-à-Valain ou à peu de distance sur la droite ; ils ont défilé en trois colonnes marchant à peu près à même hauteur. Leur passage a duré six heures sans interruption. Ce qui a défilé en vue de Sart-à-Valain peut être évalué à trente mille hommes au moins, et avait un matériel de cinquante à soixante bouches à feu.

Un corps venant de Liége a effectué sa jonction avec ceux qui ont combattu à Fleurus. (Ci-joint une réquisition qui le prouve). Quelques-uns des Prussiens que j'ai devant moi se dirigent vers la plaine de la Chyse, située près de la route de Louvain, à deux lieues et demie de cette ville. Il semblerait que ce serait à dessein de s'y masser, ou de combattre les forces qui les y poursuivraient ; ou enfin de se réunir à Wellington , projet annoncé par leurs officiers qui , avec leur jactance ordinaire , prétendent n'avoir quitté le champ de bataille le 16, qu'afin d'opérer leur réunion avec l'armée anglaise sur Bruxelles.

Ce soir je vais être massé a Vavres, et me trouver ainsi entre Wellington, que je présume en retraite devant Votre Majesté , et l'armée prussienne

J'ai besoin d'instructions ultérieures [sur ce que Votre Majesté ordonne que je fasse. Le pays entre Vavres et la plaine de la Chyse est difficile , coupé et marécageux.

Par la route de Vivorde j'arriverai facilement à Bruxelles, avant tout ce qui se sera arrêté à la Chyse, si tant il y a que les Prussiens y fassent une halte.

Daignez, Sire, me transmettre vos ordres, je puis les recevoir avant de commencer mon mouvement de demain. La plupart des renseignements que renferme cette lettre, me sont fournis par le propriétaire de la maison où je me suis arrêté pour écrire à Votre Majesté ; cet officier a servi dans l'armée française, est décoré, et paraît entièrement dévoué à nos intérêts , je les joins à ces lignes.

PREMIER RENSEIGNEMENT.

A Sart-à-Valain sont passés environ trente à quarante mille hommes. — Le passage était sur trois colonnes, et a duré depuis neuf heures du matin jusqu'à trois heures après midi. — Il a passé environ soixante bouches à feu.

Le troisième corps de Vilgenstein a passé à Sart-à-Valain , on a des réquisitions signées de ses Commissaires. — Le prince Auguste était avec cette colonne. — Elle venait de Hannut et des environs de Liége. Le passage a fini hier 17, à trois heures après-midi. — La queue de la colonne est à Corroy. — Tout se dirige sur Vavres. — Les blessés ont été dirigés par la chaussée des Romains sur Liége et Maestrich. — On pense qu'il a passé trois corps, le second et le troisième bien sûrement, et probablement le premier. — Le premier et le second ont pris part à la bataille de Fleurus, — Ils ont annoncé vouloir livrer bataille près de Bruxelles où ils veulent se masser. — Leur artillerie est venue par Grand Lez, la meilleure route pour aller à Vavres est par le Nil pierreux, à la chapelle de Corbais, à la Barraque, à l'Auzel.

SECOND RENSEIGNEMENT.

Les blessés filent sur Liége se dirigeant sur Beaumont, Jodoigne et Tirlemont. — Les disponibles et ceux qui ont pris part à la bataille de Fleurus marchent sur Vavres, et quelques-uns sur Tirlemont. — La masse est campée sur la plaine de la Chyse près la route de Namur à Louvain, à deux lieues et demie de Louvain et une demie de Jodoigne. — La plaine de la Chyse est à deux lieues et demie de Vavres sur la droite, près de Godechins. Ce dernier avis est positif. C'est la où ils paraissent vouloir se masser. Ils disent qu'ils ont conservé le champ de bataille, et qu'ils ne se retirent que pour livrer bataille de nouveau, après leur réunion qui a été combinée entre Blucher et Wellington.

TROISIÈME RENSEIGNEMENT.

L'ennemi fort d'environ une trentaine de mille hommes, continue sa retraite assez en désordre. — Le général Exelmans leur a saisi un parc de plus de 400 bêtes à cornes. — L'ennemi se retire dans la direction de Vavres, ce qui semble devoir indiquer qu'il veut reprendre la direction de Bruxelles, pour se réunir s'il le peut à Wellington, par Sart-à-Valain, Tourinnes. etc. Ils ont fait aussi filer beaucoup de monde par les hautes bandes, suivant la direction de Sart-à-Valain à Sauvenières, ils se sont séparés en deux parties, la plus forte colonne a pris sur Pervez, ce qui indique peut-être que portion des Prussiens va joindre Wellington, et l'autre est à l'armée de Blucher, — Tous demandent le chemin de Bruxelles. — Cette nuit Exelmans a du détacher six escadrons avec le général Bonnemain sur Sart-à-Valain, trois autres sur Pervez. — Les Prussiens qui ont occupé Sauvenières, hautes et basses bandes, se sont dirigés sur Ouray passant par Grand Lez; ils ont suivi la chaussée des Romains pour aller du côté de Maestrick.

Maréchal GROUCHY.

On doit trouver une étrange anomalie dans ces renseignements officieusement donnés, par des hommes qui

pouvaient ne point être affectionnés, mais étaient nécessairement liés par des fonctions publiques et une position élevée, à leur gouvernement notre ennemi. Tandis
que ces témoins quasi-obligés, et placés au centre d'un
dilemme, avaient à compromettre leurs nationaux, leurs
frères, engagés dans ce moment même dans un duel à
mort avec nous, il eût peut-être été prudent de se rappeler l'adage : « *Quæ sit fiducia capto.* »

De même on ne peut comprendre l'absence absolue
pendant ces deux jours néfastes, de tout renseignement
fourni par le général Gérard, bien qu'il eût sous ses ordres la cavalerie légère du général Valin, restée sous sa
main à Roty pendant la nuit du 17.

Il est encore un fait relatif aux renseignements fournis d'ailleurs, dont l'explication ne serait pas sans afférence à la question. — Généralement un corps de troupes,
un régiment même, est mieux connu, plus souvent dé-
nommé dans le public et l'armée, par le nom de son
chef que par son numéro ; ici, dans presque tous les
rapports adressés à Grouchy, on voit citer des colonnes
prussiennes, mais sans aucuns documents tendant à en
préciser la distinction, par le nom du chef ou le nu-
mére. Or, indiquer Thielman en face, eût été signaler
Pirch et Ziethen à gauche.

Jusqu'au 18 juin à midi, il n'est pas un des actes
du maréchal Grouchy dans tout le cours de la campagne, qui donne la plus légère prise à la critique ; et
tous témoignent d'une sollicitude, d'une activité dévelop-

<table>
<tr><td>Charras 570</td><td>pées au plus haut degré. Mais tandis que par l'histoire comme par les polémiques, la gloire de la bravoure reste égale pour tous ; en sera-t-il de même de la sincérité morale d'un concours actif et efficace aux actes du Chef ? L'histoire pourra-t-elle allouer à tous les subordonnés, cet élément indispensable de toute œuvre collective ? Leur donnera-t-elle, aux dépens d'un seul, main-levée de toute</td></tr>
</table>

Charras 570

pées au plus haut degré. Mais tandis que par l'histoire comme par les polémiques, la gloire de la bravoure reste égale pour tous ; en sera-t-il de même de la sincérité morale d'un concours actif et efficace aux actes du Chef ? L'histoire pourra-t-elle allouer à tous les subordonnés, cet élément indispensable de toute œuvre collective ? Leur donnera-t-elle, aux dépens d'un seul, main-levée de toute

Grouchy 77

solidarité dans le désastre commun ? Il serait difficile de le supposer, lorsque 25 ans encore après les événements, l'intensité des haines a tout violé, et assumé le partage de toutes les suspicions, sans oser les discuter et les

Grouchy 138 à 142

résoudre !

Il semble prouvé jusqu'à l'évidence que, dans son opinion bien arrêtée, Grouchy était convaincu, le 18, à onze heures :

A.— Qu'il avait devant lui, Ziethen, Pirch, Thielman et une adjonction du corps de Bulow, tous trop éloignés

Pt travail A 22

de l'Empereur pour le combattre ce jour-là.

B.— Que la concentration vers Bruxelles de la majeure partie de l'armée prussienne, était en cours d'exécution, mais avec ajournement certain ; et que la bataille ne pouvait avoir lieu que le lendemain, et au-delà de Vavres, vers la plaine de la Chyse où les Prussiens fai-

Pt travail B 22

saient halte le 18.

C.— Que l'Empereur étant à l'abri des Prussiens, s'il livrait bataille aux Anglais, ce ne pouvait être qu'à bon

Pt travail B 22

escient.

Cette conviction est surabondamment confirmée par les

dépêches où le Maréchal dit : « *Les corps d'infanterie et de cavalerie que j'ai avec moi, n'ont qu'un approvisionnement et demi, de sorte que dans le cas d'une affaire majeure, il me paraîtrait nécessaire que Votre Majesté voulût bien faire approcher les réserves de munitions, ou m'indiquer les points où l'artillerie pourrait aller prendre ses remplacements.*

Par la route de Vivorde, j'arriverai facilement à Bruxelles avant tout ce qui se sera arrêté à la Chyse, si tant il y a que les Prussiens y fassent une halte.

Daignez Sire, me transmettre vos ordres, je puis les recevoir avant de commencer mon mouvement de demain.

Si ces convictions de Grouchy, se trouvent aujourd'hui par les faits avoir été erronées, au moins elles n'étaient pas alors irrationnelles. Elles eussent mérité dans le temps de ses malheurs l'arbitrage et l'indulgence du public, et dans les temps d'une prospérité reconquise *son propre respect à lui-même.*

En effet, le 17 au soir, Napoléon espérait à peine que les Anglais acceptassent la bataille ; le 18 au matin il n'en avait pas la certitude absolue ; et à dix heures encore le maréchal Ney venant de reconnaître leurs lignes, annonçait qu'ils faisaient retraite ; dans de meilleurs cantonnements que nous, et mieux approvisionnés que nous, ils pouvaient avoir fait montre, et faire retraite pour nous attirer dans le Nord, laissant la France ouverte aux Prussiens, et leur marche libre vers la coalition.

(Rapport du général Drouot à la Cour des Pairs le 23 juin).

Trois des quatre corps Prussiens massés à Vavres le

17 au soir, étaient à la droite de la Dyle, bien moins sur la route de Bruxelles que sur celle de Louvain, et face à cette ville. Ce sont ceux-là qui, le 18, ont marché sur Mont-Saint-Jean.

Le 17, Bulow parti de Hannut était arrivé à Basse-Baudecet, au-dessous de Sauvenières direction de Ligny; lorsque, par ordre de Blucher, il interrompit sa marche pour se diriger à angle droit vers Dion-le-Mont près Vavres. Si sa marche primitive tendant également vers St-Lambert eût été maintenue, elle eût été abrégée de dix kilomètres en 24 heures.

Charras 232 245

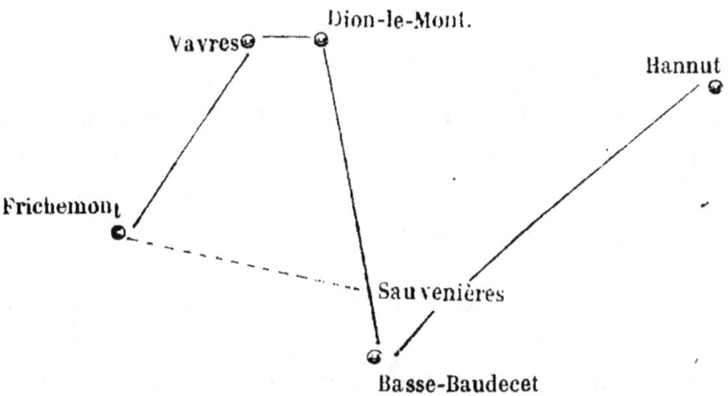

Enfin un dernier argument est concluant jusqu'à l'absolu : ce n'est qu'à nuit close le 17, que Wellington a reçu de Blucher cette réponse : *J'irai vous rejoindre non-seulement avec deux corps, mais avec mon armée toute entière, et si l'ennemi ne vous attaque pas le 18, NOUS l'attaquerons ensemble le 19.* »

Thiers 170
Charras 238

Ces mots : « *Vous*, *nous et le 19*, » prouvent bien

évidemment que Blucher ne comptait livrer bataille générale que le 19.

Ce n'est que dans la nuit du 17 au 18, que Blucher a encore écrit : « *Qu'il mettrait dès l'aube du jour une grande partie de ses forces en mouvement.* »

Il reste donc avéré que, dans la nuit du 17 au 18, les résolutions des généraux ennemis n'étaient pas plus fixées que celles de l'Empereur; que de part et d'autre tout était resté éventuel jusque-là, et qu'aucune indication, aucun indice n'eût pu avant midi éclairer la résolution définitive de Grouchy. — Telle était alors la position morale, réelle, sincère et honorable du Maréchal.— Comment est-il arrivé, que par lui-même ou par autrui, elle ait été autrement définie dans l'opinion et dans l'histoire ?

CONSEIL TENU A SART-A-VALAIN.

Nous croyons avoir bien précisé l'heure, où le général Gérard a commencé son entretien avec le maréchal Grouchy, et celle à laquelle, par l'adjonction de plusieurs généraux, cet entretien a pris le caractère de conseil. Tout lecteur appréciera la différence entre le *vœu* et le *conseil*. La marche vers l'Empereur était le *vœu* unanime de l'aile droite, mais dépourvu des arguments didactiques, qui eussent pu modifier l'opinion didactiquement arrêtée dans l'esprit de Grouchy, ce vœu restant moins qu'un conseil, a pu lui paraître un simple enjeu jeté sur un tapis.

Si Gérard lui avait dit : (Voir la carte n° 2.) « *A la fin de la journée du 16, j'étais, par ma position de bataille, plus rapproché que vous de Pirch et Ziethen. Lorsque vous avez suivi la retraite de Thielman, je me trouvais tout naturellement interposé entre sa gauche et la droite de Ziethen et Pirch ; cet espace était le mien, et j'y ai lancé la cavalerie légère du général Valin, appartenant à mon corps d'armée et sous mes ordres directs. Vous n'avez pris le commandement de mon corps qu'après midi, lorsque j'avais déjà du effectuer cette mesure ; vous n'avez reçu aucun rapport sur l'emploi de cette cavalerie dans la journée du 17, et pour la première fois vous m'avez donné un ordre à son sujet le soir. Or, je viens vous apprendre : qu'elle avait reconnu le 17, que Ziethen et Pirch avaient marché dès avant le jour, par Gery et Gentines, dans la direction de Vavres où ils ont dû arriver de bonne heure, et d'où ils peuvent être aujourd'hui un immense danger pour l'Empereur. Une information aussi importante s'ajoutant à votre ordre, j'ai cru devoir devancer mes troupes vers vous, et autoriser le retard de leur marche, comme devant abréger les distances et ménager leurs forces.* »

Devant des explications aussi franchement formulées que rationnelles, les paroles du général Gérard eussent été bien plus qu'un conseil, elles eussent été l'ordre suprême qui est toujours le droit de la vérité.... Mais on cherche partout ces seuls éléments, qui eussent pu rendre admissible pour Grouchy le conseil donné, on ne les trouve nulle part ; et cependant malgré sa nudité, ce conseil plane encore sur l'histoire et l'opinion.

Rien de ce que nous disons, ne peut porter atteinte à la gloire impérissablement acquise d'ailleurs, au noble et digne général Gérard ; le génie a ses lumières, qui peuvent franchir par l'intuition nombre des degrés de la didactique, et ce privilége peut d'autant moins être contesté au général Gérard, qu'il lui fut immédiatement conféré par des faits simultanés.

Ce fut pendant cette discussion que le Maréchal reçut de l'Empereur la dépêche suivante :

A S. Exc. M. le maréchal Grouchy, à Gembloux ou en avant.

En avant de la ferme du Caillou, le 18 juin 1815,
à 10 heures du matin.

Monsieur le Maréchal,

L'Empereur a reçu votre dernier rapport daté de Gembloux.

Vous ne parlez à Sa Majesté que de deux colonnes prussiennes qui ont passé a Sauvenières et à Sart-à-Valain ; cependant des rapports disent qu'une troisième colonne qui était assez forte, a passé par Gery et Gentines se dirigeant sur Vavres.

L'Empereur me charge de vous prévenir, qu'en ce moment Sa Majesté va faire attaquer l'armée anglaise, qui a pris position à Waterloo près de la forêt de Soignes. Ainsi Sa Majesté désire que vous dirigiez vos mouvements sur Vavres, afin de vous rapprocher de nous, vous mettre en rapport d'opérations et lier les communications, poussant devant vous les corps prussiens qui auraient pris cette direction, et qui auraient pu s'arrêter à Vavres où vous devez arriver le plutôt possible.

Vous ferez suivre les colonnes ennemies qui ont pris sur votre droite, par quelques corps légers, afin d'observer leurs mouvements et ramasser leurs traînards. Instruisez-moi immédiatement de vos dispositions et de votre marche, ainsi que des nouvelles que vous

Thiers 164 189
192
Grouchy 64 171
Charras 566 653

avez sur les ennemis, et ne négligez pas de lier les communications avec nous. L'Empereur désire avoir très-souvent de vos nouvelles.

Signé : le Maréchal duc de Dalmatie.

Si Grouchy avait supposé jusque-là qu'il avait devant lui Pirch et Ziethen, formant la gauche de l'armée prussienne, et ayant à leur droite Thielman, le bandeau devait tomber de ses yeux, devant l'indication précise des colonnes passées à Gery et Gentines. Il devait enfin reconnaître qu'il n'avait suivi que Thielman, ayant lui-même Bulow à sa droite, et que Pirch et Ziethen reconnus à Géry et Gentines, nécessairement sur la gauche de Thielman, étaient un immense danger pour l'Empereur.

Dans la situation relative créée par les faits, il devait comprendre que les mots « *Vavres où vous devez arriver le plutôt possible,* » n'étaient que la conséquence nécessaire de la marche indiquée par lui-même, dans sa lettre de deux heures du matin, marche qu'il n'était plus temps de modifier à midi; mais que les mots, « *Vous rapprocher de nous... vous mettre en rapport d'opérations... lier les communications... instruire immédiatement de vos dispositions... donner très-souvent de vos nouvelles.* » que ces mots étaient l'absolu de l'ordre, et n'avaient alors d'autre interprétation que MARCHE AU CANON.

On ne voit nulle part que de nouveaux rapports aient été adressés à l'Empereur, dans cette occasion où il était essentiel pour lui d'en recevoir. Suivant la trace du major de La Fresnaye, ils lui seraient parvenus à

trois heures, avant son engagement avec Bulow ; il eût
pu combiner : persistance, défensive ou retraite.

Enfin l'aveuglement dans ce moment fatal est incontestable... Est-il imputable à des obscurités insinuées, à
l'insuffisance ou la rivalité du concours secondaire, à la
fascination d'un éclat de lumière trop subit ? — Cette
question morale qui a dominé les faits matériels, ne
peut être éclaircie que par une étude sincère des précé-
dents, qui vingt-cinq ans plus tard, ont fait éclater l'i-
gnoble débat de 1840 ; elle ne doit donc pas interrom-
pre ici la déduction des faits accomplis.

Dans sa brochure de 1864, M. le marquis de Grouchy, appuyé sur les deux grandes autorités de M.
Charras et M. Quinet, dit ceci :

Je suis le premier à reconnaître, que si le maréchal Grouchy eût
suivi le conseil de Gérard et se fût résolument jeté sur la gauche,
peut-être fut-il arrivé sur le champ de bataille de Waterloo avec une
partie de son aile droite, et assez à temps pour prendre part à la fin
de la bataille ; mais il serait arrivé sans son matériel ; mais il n'eût
pas empêché les soixante mille prussiens de Bulow, partis le 18 au
matin de Vavres, de se porter sur ce champ de bataille ; mais il eut
été immanquablement attaqué par Thielman pendant sa marche de
flanc ; mais il pouvait alors essuyer un désastre au passage de la
Dyle gonflée par l'orage. ayant en tête et sur son flanc une armée
triple de la sienne.

Nous devons d'abord noter ici : que le corps de Bulow n'était composé que de 31,102 hommes ; qu'il avait
laissé le matin un détachement de 2,000 à Mont-Saint-
Guilbert, et échelonné d'autres sur sa route. Cette erreur

entre soixante et vingt-huit mille hommes étant rectifiée, nous accepterons l'allégation de M. le marquis de Grouchy, comme programme de la discussion qui va suivre.

CHAPITRE II

Marche de Sart-à-Valain à Plancenois.

La discussion de cette question si grave, rendue si complexe, doit être nécessairement précédée de l'exposé des bases principales sur lesquelles elle repose.

1° Nous fondant sur le témoignage incontestable des autographes déposés, et le commentaire indicatif qui en forme transitivement la liaison, nous rendons certain que les deux seules dépêches adressées le 18 juin par l'Empereur à Grouchy, lui ont été remises : entre *midi et midi et demi* quant à la première « MARCHE SUR VAVRES. » entre *quatre heures et quatre heures et demie au plus tard*, quant à la seconde « MARCHE VERS L'EMPEREUR. »

2° Nous croyons impossible de méconnaître, qu'au moment de l'arrivée des Prussiens, Plancenois était le centre de la bataille, et, dans tous les cas, l'objectif de notre aile droite.

Ces principaux points étant posés, nous traiterons la question d'après les documents extraits du très-précieux travail de M. Charras ; nous procéderons ainsi de termes certains : dans la discussion des distances . comparaisons de marches et exceptions, durée de chaque marche, obstacles par le terrain , obstacles par l'ennemi.

DISTANCES.

Mesurant les distances et la durée des marches, par une comparaison fictive avec celle de Pirch et Ziethen à midi , et celle qu'eut à faire Vandamme, M. Charras prétend que cette dernière eût été de « *un peu plus de huit heures trois quarts.*

Grouchy 220 à 222
Charras 652

Nous invoquons quant aux distances , l'arbitrage ou le témoignage de la carte seule, et le mettons sous les yeux du lecteur dans le tableau suivant, qui présente, d'après elle , les distances et les points de départ.

Distances et durée des Marches.	Départ.	A vol d'oiseau	1/4 en sus.	Temps de marche	Arrivée
		kil. m.	kil. m.	kil. m.	kil. m.
Ziethen, de Bierges par Formont, Genval et Ohain.	midi	15 500	19 100	4 48	7 50
Pirch, de Ste-Anne par Vavres et St-Lambert. . , ...	midi	17 500	21 900	5 27	7 50
Pirch, de Vavres par Couture. .	4 heu^{rs}	15 750	19 700	4 51	9 »»
Vandamme, de Nil St-Vincent. .	4 heur^e	17 750	22 200	5 36	6 56
Gérard, de Sart-à-Valain. . . .	midi ½	21 500	26 900	6 42	7 12

De cette vérification, résulte pour nous la certitude, qu'une bien minime différence existait entre la longueur dès marches respectives, et d'ailleurs nous en tenons compte.

COMPARAISONS DE MARCHES.

Nous ne considérons pas comme admissible la comparaison basée par M. Charras, sur la marche de Ziethen et Pirch.

Nous ne croyons pas possible de méconnaître, que jusqu'à quatre heures Blucher était dans le simple état d'observation; placé dès midi et demi à St-Lambert au milieu du corps de Bulow; planant de cet observatoire sur la bataille en pleine action; appelant à lui, en outre de Ziethen et Pirch, les deux dernières divisions de Pirch et une de celles de Thielman; il n'a cependant lancé Bulow qu'à quatre heures et demie, lorsque Ziethen et Pirch furent à hauteur de Genval à portée de se soutenir, et assurés l'un par l'autre des passages de la vallée de Lannes.

Un simple coup-d'œil sur la carte, suffira pour caractériser cette marche, faite en simple état d'observation ou approchement : lorsqu'on verra le long détour prescrit à Ziethen pour franchir au plus haut la vallée de Lannes; la concentration de la colonne de Pirch à même hauteur sur l'autre côté de la vallée, et la simultanéité de l'entrée en action de Bulow. Cette comparaison de M. Charras, n'étant d'ailleurs appuyée d'aucune explication sur la durée anormale des marches, ne s'attribue par elle-même aucune autorité. — En revanche, on mettra volontiers hors de cause, comme M. Charras, une comparaison basée sur la marche de Vandamme de Vavres à Gembloux le 19; l'implicitation dans cette marche, de nombre de faits militaires qu'il serait impossible de préciser, excluerait par elle seule cette comparaison, quand bien même le nom du témoin, ne serait pas un titre péremptoire de répudiation. Toutefois lorsque ce témoin vient à la suite d'un homme respectable, le général Gérard, on peut se rappeler, que l'un et l'autre ont fixé à huit heures, le départ de toutes les troupes de Gembloux le 18 juin; que la réunion de tout le corps de Vandamme à midi à Nil-Saint-Vincent est également précisée, tout en déclarant plusieurs longues haltes. — Ce corps aurait donc fait sur des chemins affreux trois lieues et demie en quatre heures.

Nous avons pris pour base dans notre tableau, qu'une armée peut faire avec son matériel une lieue de quatre kilomètres par heure; mais qu'à cette lieue prise à vol d'oiseau, on doit ajouter un quart pour les détours des chemins. Deux historiens respectables, messieurs Charras et Quinet, semblent admettre ce principe, et nous reproduirons leurs propres expressions, pour n'en point altérer les nuances.

M. Charras dit :

Il est vrai néanmoins qu'un corps d'armée même, peut faire beaucoup plus d'une lieue métrique à l'heure, mais il est tout aussi vra qu'il ne le peut pas souvent.

Un corps d'armée français sortant du bivac, fait en général deux lieues métriques en deux heures, y compris les haltes, et parfois deux lieues et un quart, deux lieues et demie. Puis quand il a parcouru ainsi quatre ou cinq lieues, si on lui montre un but prochain à atteindre, un but distant d'une lieue, même de deux, vers lequel la passion le poussera violemment, on est sûr qu'il y marchera d'un pas un peu plus rapide encore. Mais ces différentes vitesses, on ne les obtient que dans des circonstances suffisamment favorables. etc.

M. Edgar Quinet dit, (page 298) :

Chose singulière, entre tant de récits, tous diffèrent même sur le point capital, la distance qui séparait Grouchy du champ de bataille. La relation de Sainte-Hélène dit deux heures, Valazé trois, Gérard quatre heures et demie, Jomini cinq heures, le colonel Charras huit ou neuf heures. J'ai fait mesurer exactement le chemin : un homme à pied marchant isolément au pas ordinaire, par les chemins de voiture, va de Sart-à-Valain par Moustier au clocher de Plancenois, en cinq heures vingt-sept minutes. Que l'on calcule sur cette donnée positive la marche d'un corps d'armée avec son artillerie, etc., etc.

De Sart-à-Valain à Valain-St-Paul.	0 heure	20 minutes
De Valain-St-Paul à Nil-St-Vincent.	0 —	55 —
De Nil-St-Vincent à Corbaix.	0 —	15 —
De Corbaix à Moustier.	1 —	45 —
De Moustier à Siroux.	0 —	50 —
De Siroux à Maransart.	0 —	40 —
De Maransart à Plancenois.	0 —	42 —
Total.	5 heu^{res}	27 minutes

Le même dit, (page 299) :

Si Grouchy eût marché au canon, il eût trouvé devant lui jusqu'à Nil-Saint-Vincent un terrain découvert, de vastes prairies ; puis, par delà Corbaix, un sol ondulé qui se termine en ravin. Là, il fut descendu par une pente aisée vers la Dyle, large de sept mètres, profonde et rapide. Il l'eût passée sur les deux ponts maçonnés de Moustier et d'Ottignies, à un quart de lieue l'un de l'autre. De Moustier à Siroux, d'abord un court défilé, puis bientôt des plateaux étendus sur une terre sablonneuse. C'est seulement sur le revers de ces plateaux vers Maransart, qu'il eût rencontré un chemin escarpé ; mais alors il était près du champ de bataille, il le dominait, il serait vu de toute l'armée ; ce voisinage doublerait ses forces. Ce n'est pas en arrivant au but qu'il pouvait le manquer.

Tels sont les lieux et les distances ; voyons quelle lumière il en peut ressortir.

Le piéton de M. Quinet a donc fait, en quatre heures douze minutes, la route de Nil-Saint-Vincent à Plancenois, trajet de 22 kilomètres 200 mètres sur chemins ; et le trajet de Nil-Saint-Vincent à Maransart, se trouve compris dans cette marche pour trois heures trente minutes. — Si (chose impossible) la marche du corps de Vandamme eût pu être aussi rapide que celle du piéton, il eût été vu à Maransart à quatre heures et demie. Cependant tout en iuclinant vers M. Charras, M. Quinet réserve ses conclusions, en homme qui cherche simplement la vérité, et qui par son respect pour un travail d'une sincérité précieuse, provoque sur lui-même le respect qu'impose l'impartialité.

M. Charras dit, (384) :

Charras 384

Les deux dernières divisions de Pirch premier, la brigade même de cavalerie de Sohr, qui partirent de Vavres, on l'a remarqué, à quatre heures, qui marchèrent le plus rapidement possible, pressées par les ordres incessants de Blucher, n'avaient pas encore rejoint l'armée prussienne à la nuit close.

Si pour le 18 juin, ces mots vagues « *nuit close* », signifient neuf heures du soir, ce corps aura employé pour sa marche cinq heures, tandis que notre tableau ne lui en alloue que quatre cinquante minutes. Il est bon de remarquer, que l'observatoire de Bruxelles fixe à huit heures quatorze minutes le coucher du soleil le 18

juin ; que le crépuscule n'est jamais évalué à plus de
45 minutes ; que par conséquent la signification légale
des mots « *nuit close* », est neuf heures du soir. Si
ce sont les mots « *rejoint l'armée prussienne* » qui fi-
xent la limite de la marche ; comme depuis huit heures
cette armée était à la poursuite de la nôtre sur la ligne
de Genappe, la prorogation de la distance compenserait
celle de l'heure.

Nous croyons qu'il est déjà démontré, qu'aucune autre
marche d'un corps prnssien ne présenterait, par la si-
militude des conditions, une comparaison plus exacte
avec la marche qu'eût eu à faire notre aile droite ; nous
y ajouterons néanmoins un nouvel argument puisé à la
même source : *Les deux premières divisions de Pirch
premier, de Sainte-Anne et d'Aisemont vers Plancenois,
cheminèrent sur un terrain fatigué, ayant suivi la trace
de Bulow.*

Or, on vient de faire faire en cinq heures, la même
marche aux deux dernières divisions de Pirch, chemi-
nant sur ce même terrain encore plus fatigué ! — Nous
considérons donc comme tranchée en notre faveur, toute
discussion résultant de la comparaison de ces marches,
et nous reportons vers les marches de notre armée.

M. Edgar Quinet dit, (page 185) :

Si la pluie doit éteindre les feux de l'infanterie, comme à la journée de la Kasbach, ce sera à l'avantage de l'assaillant et de l'arme
blanche. D'ailleurs en ce moment même, le corps de Reille parti de Genappe dans la nuit vient d'arriver, il se forme le premier sur le champ
de bataille sans consulter l'état du terrain. Ce que ce corps a fait

après avoir marché trois heures, les autres peuvent le faire plus aisément; d'ailleurs la nécessité commande.

Reille a marché sous une pluie qui avait été torrentielle, snr des chemins rompus par l'aller et retour de l'armée anglaise, et la marche de l'armée française, et ses troupes ne pouvaient être alors dans un état d'excitation, semblable à celui que l'aile droite éprouvait le soir au bruit du canon. — Or, de Genappe à la position de bataille de Reille, il y a trois lieues un huitième sur chemins, et une proportion entre cette marche et celle de Vandamme, fixe cette dernière à cinq heures trente minutes, lorsque notre tableau lui alloue cinq heures trente-six.

Un homme aussi honorable par son caractère que par son éducation et sa position sociale, nous a répété tout récemment : qu'étant sergent-major dans le corps de Lobau, division Simmer, il avait la certitude, que ce corps parfaitement réuni, avait fait beaucoup plus d'une lieue à l'heure, dans sa marche de Charleroi à Fleurus, où il avait fait halte le 16 dans l'après-midi.

Nous reportant à l'ouvrage de **M.** Charras, nous trouvons : « *Il est six heures et demie, le corps de Lobau arrivé de Charleroi depuis quelques instants, a pris position à droite de Fleurus sur la chaussée, il doit y rester.*

L'ordre de marche de ce corps est daté de deux heures et demie, en avant de Fleurus, et signé *Soult*. Les mots *en avant de Fleurus*, désignent le lieu indiqué sur les cartes comme *observatoire de Napoléon.* — De la sortie de Charleroi où étaient les bivacs de Lobau, jusqu'à sa halte à Fleurus, il y a 13 kilomètres 750 mètres sur chemins, ou trois lieues 44 centièmes.

Or, le temps d'écrire la dépêche, la porter à trois lieues et demie, mettre un corps d'armée en mouvement, ne peut être évalué à moins d'une heure, et n'en laisse certainement pas plus de trois à la marche. — Dans cette proportion, la marche de Vandamme serait cinq heures trente-trois minutes, notre tableau lui en alloue cinq trente-six.

Nous terminerons par une dernière comparaison prise sur l'une des marches de Thielman. « *Son arrière-garde s'était trouvée encore à Sombref, bien après le lever du soleil; et il n'avait dépassé Gembloux qu'après sept heures.* » Le lever du soleil étant le 18 juin fixé à 3 heures 58 minutes; la distance entre Sombref et Gembloux étant de trois lieues un huitième sur chemins, le corps de Thielman a franchi cette distance en trois heures.

Nous considérons donc comme incontestablement démontré, que nos troupes ont fait les 17 et 18 juin, et eussent continué à faire, au moins quatre kilomètres métriques sur chemins, par heure de marche. Pour le prouver, nous avons été nécessairement entraînés à des explications abstraites qui ont pu fatiguer le lecteur, mais il les excusera comme étant indispensables à la cause, et parceque surtout, elles constatent une nouvelle preuve en faveur de la gloire de nos soldats.

OBSTACLES PAR LE TERRAIN.

Nous accepterons comme tout lecteur, la description faite par deux grandes autorités, de l'état respectif du terrain, Du côté ennemi, M. Charras décrit en ces termes l'inviabilité des chemins entre Vavres et St-Lambert :

Bulow avait du suivre des chemins abimés par les pluies, où les roues de son artillerie s'enfonçaient jusqu'au moyeu, pendant que ses fantassins avançaient péniblement dans les terres détrempées, à travers les hautes moissons. De Chapelle St-Lambert on descend dans le vallon de Lannes par un défilé étroit, à pente très-rapide, sur un terrain de sable presque mouvant, et une fois dans le vallon il faut suivre un défilé non moins difficile pour atteindre le bois de Paris.

Du côté français, M. Quinet nous offre l'épreuve faite par son piéton, et le tableau d'un terrain comparativement facile, entre Sart-à-Valain et Plancenois.

Cependant nous n'accepterions que d'après une démonstration plus précise, la marche qui nous est tracée par les ponts de Moustier et d'Ottignies, et nous préférons celle qu'une ligne droite nous trace sur la carte, beaucoup plus en amont de la Dyle. Nous savons que le pont de Moustier n'était qu'une passerelle en bois de trois pieds de largeur, et celui d'Ottignies un pont maçonné de neuf pieds de largeur; que des défilés ajoutent à la difficulté de ces passages. — Mais nous savons aussi que la Dyle, qui à Moustier n'a que sept mètres de largeur, s'affaiblit au-dessus ; que le terrain s'aplanit, et qu'enfin vers Genappe, la rivière devenue ruisseau, présente des ponts, de larges gués et de grandes facilités de passage. D'ailleurs, personne n'est en droit de supposer, que le général Valazé ne fut pas instruit de

Charras 289

Charras 290

l'état des choses, et son conseil est la preuve qu'il était en mesure d'y pourvoir, en ce qui concernait son service.

Nous considérons donc comme nuls, surtout sous le rapport comparatif, tous obstacles par le terrain, et non moins sous le rapport de la viabilité que sous celui des opérations militaires.

OBSTACLES PAR L'ENNEMI.

Quatre erreurs principales ont dominé l'histoire et vicié ses conclusions, en ce qui concerne la coopération de l'aile droite le 18 juin.

1°— La non-réception de la dépêche adressée par l'Empereur à Grouchy, le 17, à dix heures du soir, par laquelle un renfort lui eût été demandé.

2°— La dépêche de Grouchy à l'Empereur, deux heures du matin, dont le texte a été ignoré, et, par suite, l'importance mise en dehors de la discussion.

3°-4°— La réalité des heures de réception, des deux seules dépêches adressées par l'Empereur à Grouchy le 18 Juin.

A midi et demi à Sart-à-Valain, les deux premières erreurs étant un fait accompli, peuvent être passées sous silence; mais il en est autrement des deux dernières, et la question toute entière repose sur la réalité de l'heure de réception, c'est-à-dire sur la réalité de la réception de la première à *midi et demi* et de la seconde à *quatre heures*, au lieu de l'irréalité acceptée par la transposition des dates de réception à *quatre et sept heures.*

L'effectif des trois corps prussiens aux abords de Vavres le 18, avant midi, était de. . . . . 71852 h^{ommes}

A midi Ziethen partait avec tout son
corps, moins un détachement confié à Sten-
gel, c'est-à-dire avec. 24030

Pirch avec moitié de son corps. 13019
____

Ensemble. 37049   37049
____

Reste aux abords de Vavres. 34803

A midi et demi ce départ était un fait accompli, et
ces 34803 hommes avaient obligation de faire à leur armée une réserve, soit pour porter renfort à Waterloo,
soit pour couvrir une retraite éventuelle et très-redoutée

vers Louvain.

Notre aile droite forte de 33519 hommes, n'avait au
contraire d'autre devoir, que de garder l'aile gauche et
d'agir activement en sa faveur.

M. Charras dit :

Wellington et Blucher connaissaient d'une manière assez exacte,
l'effectif de l'armée française qui était entrée en Belgique, la correspondance du premier le prouve nettement.

L'un et l'autre étaient convaincus le 18 au matin, que la presque
totalité de l'armée française était réunie sur les hauteurs de la Belle-
Alliance ; il n'y manquait, croyaient-il, que le corps de Vandamme,
et cette croyance ils la gardèrent même le lendemain. (Rapport de
Wellington le 19 juin).

Pendant la nuit les communications furent permanentes entre les deux généraux, et Wellington ne se décida à recevoir la bataille à Mont-Saint-Jean, que sur l'assurance réitérée de la coopération de deux corps de l'armée prussienne.

588

Cet aveu est déjà peu favorable à la très-longue argumentation, par laquelle M. Charras entend démontrer : que l'ennemi eût aussitôt reconnu notre mouvement, y eût mis obstacle, et que nous n'aurions eu d'autre résultat qu'un combat et une défaite en route. Nous croyons trouver chez M. Charras lui-même, les éléments de conclusions tout opposées.

D'abord, le corps de Bulow en position à cette même heure à Saint-Lambert, et les colonnes de Ziethen et Pirch, déjà fort éloignées de Vavres quand notre mouvement eut commencé, doivent, pour ce motif et celui de leur écart, être exceptés de toute collision possible avec notre aile droite.—Du reste, des 34803 hommes

668

alors restés aux abords de Vavres, il faut déduire la partie qu'un ordre absolu y consignait comme réserve, pour garder la position et couvrir une retraite éventuelle sur Louvain. Cette partie ne peut être présumée moindre, que celle qui y est restée effectivement au nombre de 16,000 hommes; on peut croire d'autant plus sincèrement qu'elle y était immobilisée, qu'elle ne put suffire à garder la position, et se retira le lendemain, en majeure partie, jusqu'à Rhode-Ste-Agathe, à quatre lieues au nord de Vavres dans la direction de Louvain.—La seule colonne restant aux abords de Vavres en disponibilité expéditionnaire, se réduisait donc aux deux dernières divisions de Pirch et une division de Thielman, formant, avec quelques autres corps détachés, un ensemble de 16803 hommes. Mais déjà cette colonne avait l'ordre de marcher sur Waterloo ; elle n'a sursis à l'exécution, que par là nécessité de couvrir Vavres contre notre attaque, ayant grand soin d'éviter de s'engager avec nous, et courant directement à Vavres, au moment même où un témoin banal la voyait courir à Waterloo.

Charras 362

M. Charras dit : « *Le Debur était le 18 au matin, détaché à Mont-St-Guilbert, avec deux bataillons et quatre escadrons ; des partis de cavalerie battaient l'estrade entre la Dyle et le ruisseau de Lannes.* » Pourquoi Le Debur avait-il spontanément quitté Mont-St-Guibert dès le matin, rencontrant vers midi et demi Exelmans à hauteur de Limelette et la Baraque, ne s'en approchant ſpas plus près que portée de canon, et se repliant

Charras 559 657

constamment sur Vavres ; était-ce pour reconnaître plus facilement notre marche qui eût eu lieu plus de deux lieues en arrière de lui ? Pourquoi ces reconnaissances sur la gauche de la Dyle ?... Parce que toute l'armée prussienne, loin de croire l'aile droite sur la droite de la Dyle, la croyait en majeure partie à Waterloo, et que

Charras 585

là était le centre de toutes ses inquiétudes... Quel nouvel indice eût révélé à ces corps les plus rapprochés de nous, notre marche entreprise à midi et demi, lorsqu'à la même heure, ils hâtaient leur retraite devant un dixième de notre armée, dont le reste leur était masqué ?

Si un avis électrique eût traversé le voile qui nous dérobait à ces colonnes, dont l'arrière-garde était perpendiculaire au flanc de notre marche ; et qu'en l'absence de tout ordre supérieur, une secousse de même nature les eût mises en mouvement, à une heure, en même temps que Vandamme ; alors Le Debur eût fait avant-garde, Brauze et Reckou du corps de Pirch eussent fait tête de colonne, et Thielman aurait fait suite à distance. Dans cette seule marche possible, il n'est pas un point de notre ligne où nous n'eussions eu sur eux, avance, supériorité de forces et de concentration.

De notre côté, Valin et Exelmans déjà interposés, couvraient la marche de Vandamme, qui lui-même couvrait celle de Gerard marchant à hauteur en colonne parallèle ; Pajol et Teste faisaient arrière-garde à distance, mais avec avance sur Thielman.

Dans cette position même, il eût existé un écart de cinq kilomètres au moins en moyenne, entre notre ligne de marche et la colonne impuissante de Pirch ; un autre de dix kilomètres entre notre même ligne et Thielman.

Mais nous n'avons mis sous les yeux du lecteur cette supposition d'un départ simultané, que pour rendre plus saillante l'erreur de l'argumentation de M. Charras. Car il est cent fois incontestable, qu'une marche très prononcée de notre aile droite, eût pu seule révéler aux Prussiens son mouvement et ses intentions. Leur accorder de pouvoir être informés, munis de l'ordre supérieur, et entrés en action dans l'espace d'une heure, c'est admettre l'impossibilité.... Supposons-le.

RÉALISATION RESPECTIVE DES MARCHES.

Nous avons dans notre tableau précisé les distances et

les heures d'arrivée, et nous n'avons pas à les modifier pour les colonnes de Ziethen et Pirch parties à midi , puisque leur arrivée est un fait; mais nous devons les modifier, pour la dernière colonne prussienne et pour notre aile droite. — En effet, Plancenois n'a été pris pour objectif commun que comme direction; mais l'objectif réel de la dernière colonne prussienne, ne pouvait être que les arrières de la position de bataille de Bulow, puisque son corps et celui de Lobau en face de lui, étaient interposés en avant de Plancenois. — De même l'objectif de notre aile droite, ne pouvait être que Maransart ou plutôt Ayviers, où frappant avec sa droite sur Bulow. elle opérait avec sa gauche jonction avec Lobau. Or, ces deux objectifs étant incontestablement fixés, la distance des deux marches se trouve abrégée de 2,200 mètres, et leur durée de plus d'une demie heure.

Carte n° 5

Un simple coup-d'œil sur la carte démontrera qu'il est impossible, de préciser et unifier le point de départ de cette marche fictive des Prussiens, comme nous avons pu le faire pour notre aile droite. Mais nous croyons sincèrement qu'elle est, quant à la distance, au moins égale à celle de Vandamme; et nous voyons de plus que, quant au terrain, elle eût eu à franchir la Dyle aux endroits les moins avantageux, et le ruisseau de Lannes dans sa partie inférieure justement qualifiée gouffre: que Vandamme à l'opposé, eût franchi la Dyle en amont, et le ruisseau de Lannes à son débouché.

Ainsi la colonne prussienne, partie à deux heures, serait arrivée près de Bulow à sept heures six minutes, si elle n'eût pas trouvé la vallée de Lannes et son

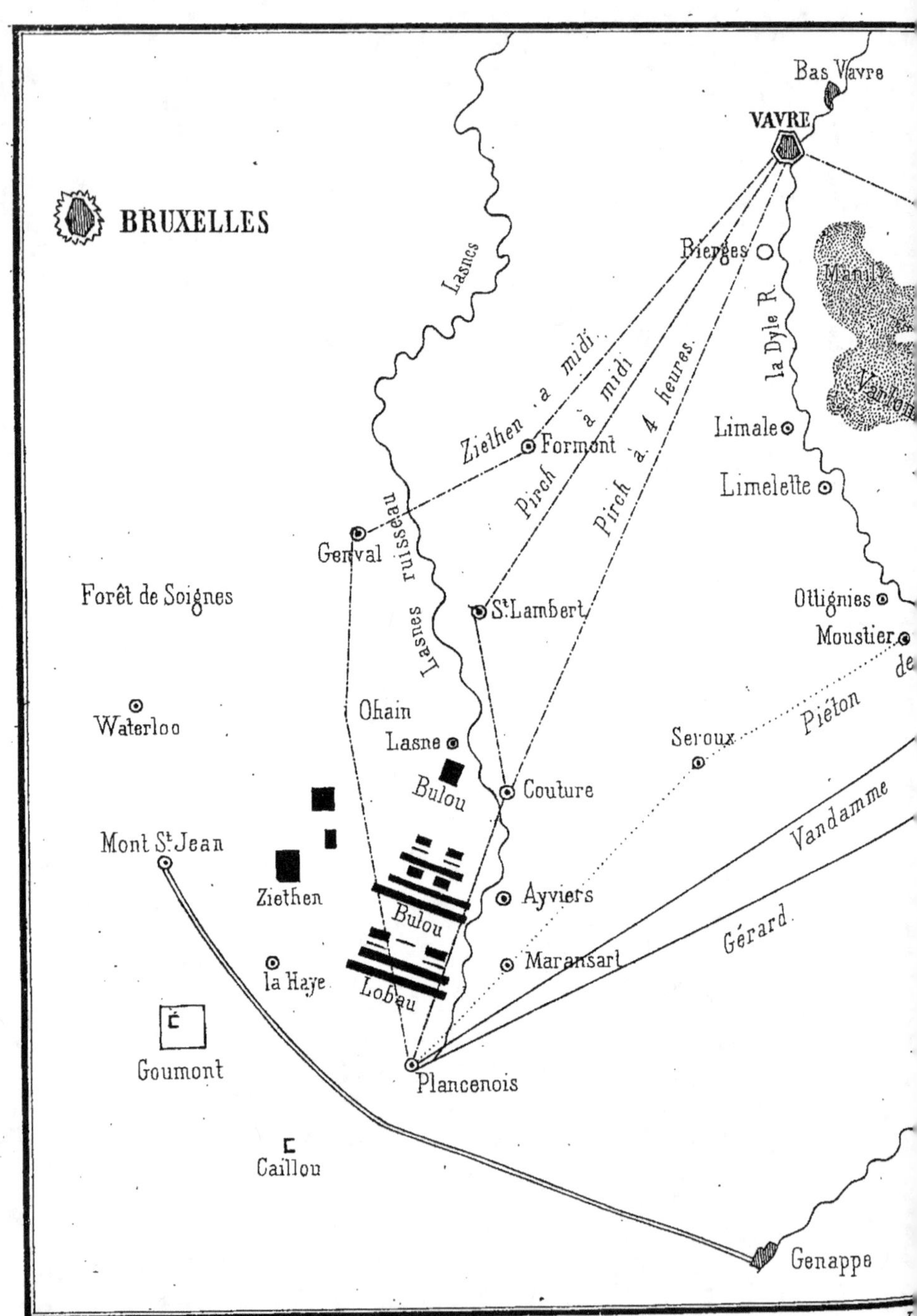
Bas Vavre
VAVRE
Bierges
Manil
Vallon
BRUXELLES
Lasnes
Ziethen a midi
Pirch a midi
Pirch a 4 heures.
la Dyle R.
Limale
Limelette
Formont
Genval
Lasnes ruisseau
Forêt de Soignes
St Lambert
Ottignies
Moustier
de
Lasnes
Ohain
Seroux
Piéton
Waterloo
Lasne
Bulou
Couture
Vandamme
Mont St Jean
Ziethen
Bulou
Ayviers
Gérard
la Haye
Maransart
Goumont
Lobau
Plancenois
Caillou
Genappe

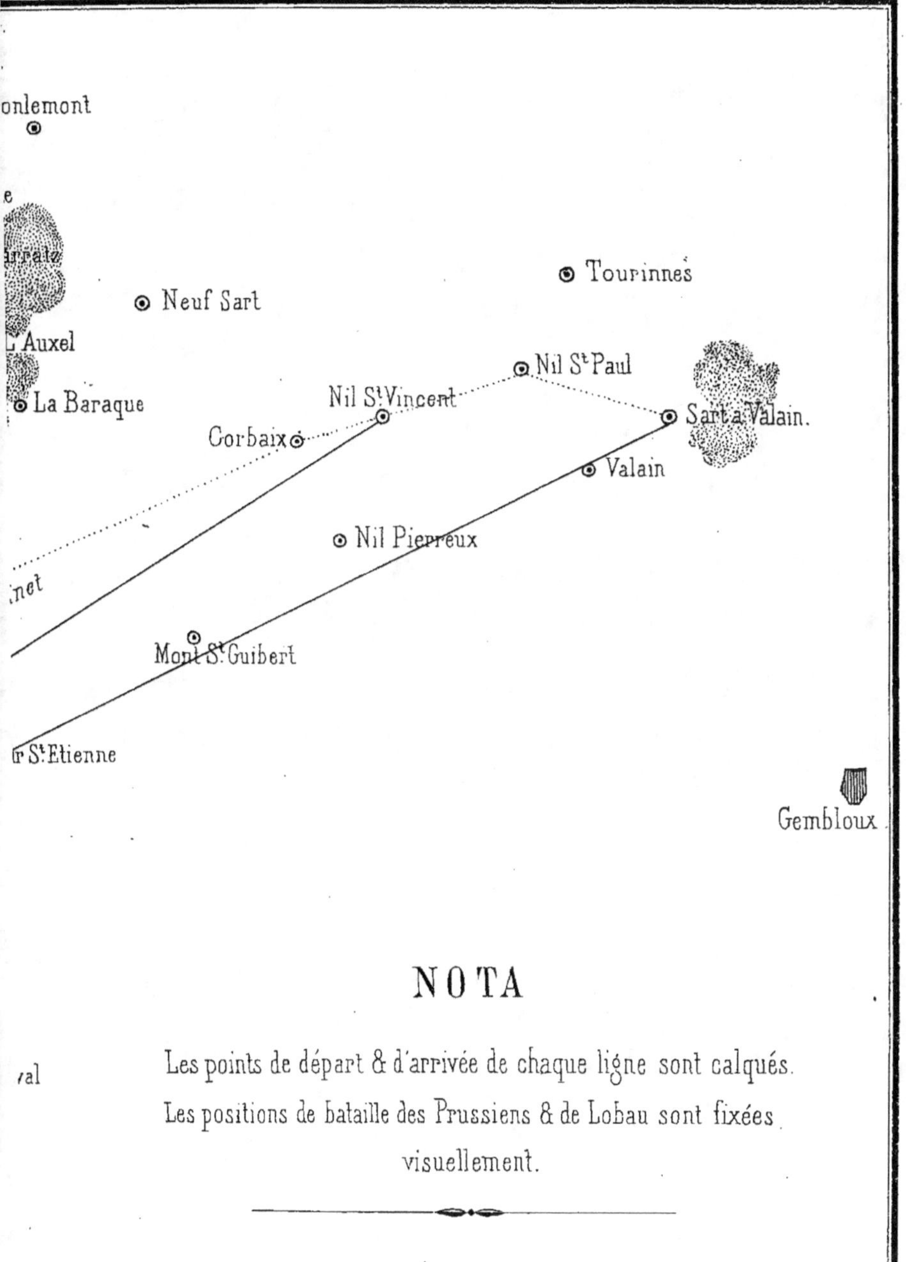

NOTA

Les points de départ & d'arrivée de chaque ligne sont calqués.
Les positions de bataille des Prussiens & de Lobau sont fixées
visuellement.

débouché, encombrés par la colonne précédente, qui à ce moment même en sortait. — Mais Vandamme parti une heure plus tôt, et arrivé à six heures six minutes en face le débouché de cette vallée ; Gerard arrivé à six heures quarante-deux minutes au même lieu, y eussent eu installé l'aile droite au nombre de 29,271 hommes avec 72 bouches à feu.

C'est ici le moment de prendre acte d'un principe incontestable posé par les deux illustres historiens : « *Qu'un corps de troupes n'a pas besoin d'être en contact, en état de collision flagrante, pour influer sur le sort d'une bataille* » ; et nous laisserons attribuer à chacun sa part relative des bénéfices de cette influence.

Nous pensons que l'approche des colonnes précédées par leurs avant-gardes, eût été annoncée à notre armée une heure avant celle de l'ennemi, et eût comblé chez les Anglais le découragement dont ils étaient déjà frappés à ce moment, en même temps qu'elle eût redoublé chez les Prussiens, toutes ces timidités rendues évidentes par leurs opérations du jour. Que si Bulow eût persisté à garder sa position de bataille, Grouchy l'écrasait d'un coup de main entre lui et Lobau, et d'un revers comblait sur la colonne prussienne, la tombe où il l'a trouvait inerte dans la vallée de Lannes.

Si, ce qu'il est plus rationnel de supposer, Bulow ne pouvant, ni tenir, ni se jeter dans la vallée de Lannes à l'encontre de ses nationaux, eût fait retraite en défensive ; s'il eût manœuvré sur les bords supérieurs de cette vallée, dans le but de reconstituer un centre et un ensemble à l'armée prussienne. — Alors toutes les troupes dont disposait Lobau étaient rendues à l'Empereur, l'armée anglaise était anéantie ; et cette désespérance, dont à sept heures et demie encore son vaillant chef était frappé, se trouvait justifiée jusqu'à l'absolu.

Telle eût été la position, dans le cas même de la neutralité manuelle de l'aile droite, à laquelle le grand champ de bataille eût été ouvert, et l'armée anglo-hollandaise livrée à merci. Cependant il est pour nous présumable, que soit par ordre immédiatement supérieur, soit par ordre suprême, l'aile droite eût laissé aux vainqueurs le soin de compléter leur triomphe, et que sans dépasser Ayviers dans le moment de la crise, elle se fut trouvée en mesure de compter au débouché de Lannes, avec l'armée prussienne son antagoniste personnel.

La stratégie, non pas fougueuse, mais essentiellement prudente et réservée de Blucher pendant tout le cours de cette journée, autorise à croire que tous les actes de ses lieutenants, eussent tendu vers cette cohésion de son armée, en face du désastre collatéral ; et que Ziethen, Pirch et Bulow eussent tendu à se concentrer sur la ligne de Saint-Lambert à Vavres. — En admettant cette fougue plus alléguée que démontrée, si une bataille secondaire eût pu avoir lieu, ce n'eût été qu'aux portes du grand champ de bataille, là où des renforts fussent plus facilement parvenus du côté des vainqueurs, que du côté des vaincus.

Du reste, simple commentateur d'une stratégie que

notre sentiment ne peut admettre, nous n'entendons point excéder les besoins de la cause, et compromettre notre inexpérience, par une discussion stratégique poussée à outrance. Notre but se trouve rempli si le lecteur reste convaincu, que l'aile droite pouvait porter la victoire à Waterloo ! !.... Les conséquences du fait se déduisent d'elles-mêmes; Bruxelles eût été occupé le même jour, les éclats du canon de Waterloo eussent retenti dans toute l'Europe; et la coalition désillusionnée sur le sentiment qui anime les peuples, eût appris ce que *peut* une nation, qui ne *veut* pas perdre vingt années d'une gloire acquise, et un siècle de progrès politique et social.

MARCHE DE LA BARAQUE A PLANCENOIS
à deux heures.

L'histoire semble avoir admis que le conseil de marcher au canon, fut renouvelé par le général Gerard au maréchal Grouchy à la Baraque à deux heures. Nous sommes aussi peu en mesure de contester le fait que de l'affirmer; mais désirant ne faire défaut à aucun point de la question, nous en acceptons la discussion.

Nous pensons qu'il n'est personne, qui pût trouver dans tout ce qui a été écrit, les éléments nécessaires pour fixer d'une manière précise, la position et le point de départ de chaque corps français et prussien à deux heures. Nous emprunterons donc au précieux recueil de documents de M. Charras, les bases de notre argumentation.

Nous reconnaissons, comme M. Charras, que tous les

corps prussiens qui nous étaient opposés à deux heures, avaient dès le matin l'ordre formel de marcher sur Waterloo le plus tôt possible; que leur constante retraite sur Vavres, tout en évitanl engagement avec nous, démontre l'intention de nous attirer dans cette position, où le petit nombre suffisant à la défense, l'excédant pouvait se reporter vers l'armée alors en action. Tous les faits ont en quelques heures confirmé cette interprétation.

En effet, le corps de Vandamme était à deux heures à la Baraque avec Grouchy, tandis que Brauze, arrière-garde des Prussiens, ayant lui-même son arrière-garde à l'Auxel, et des éclaireurs dans les bois de Sarratz et Varlombront, se retirait constamment sur Vavres, où à quatre heures il passa la Dyle à Bierge et Bas-Vavres.—Il est donc évident, qu'à deux heures tous ces corps étaient en avant de nous dans la direction de Vavres, et que vers la Dyle supérieure, nous leur eussions été promptement masqués par la distance et les bois.

A la même heure, la colonne de Vandamme s'allongeait sur la ligne de la Baraque à Ottignies, ayant Exelmans très-rapproché sur la ligne de Neuf-Sart à la Baraqne. La colonne de Gerard s'allongeait dans une direction parallèle sur la gauche de Vandamme, et Valin que la Providence replace toujours sous la main de son chef immédiat, dans la direction de la victoire, faisait face à Limale et Limelette faiblement défendus, et bientôt après facilement enlevés. Pajol et Teste dont la modestie, la vigilance et la solidité, se trouvent toujours en relief dans tout le cours de la campagne, marchant dans la direction de Tourinnes à la Dyle, eussent été la meilleure arrière-garde possible, et toujours à hauteur de l'avant-garde de toute colonne ennemie, qui eût osé entreprendre la poursuite.

La saillante incommutabilité des ordres donnés à Thielman devenu chef supérieur à Vavres, permet peu de supposer qu'il eut pu ordonner cette poursuite; toutefois nous en acceptons la discussion.

Est-il assez évident, d'après un simple coup-d'œil sur la carte, que nous possédions tous les passages et toutes les positions de la Dyle supérieure; que notre mouvement était masqué à l'ennemi par la distance et les bois; que quand même il eût pu entreprendre la poursuite immédiate, notre aile droite bien réunie, eût eu une avance de plus d'une lieue en minimum dans la direction de Maransart; que Brauze, tête de colonne de cette poursuite, n'avait que six à sept mille hommes, que Pajol et Teste eussent suffisamment occupés; que toutes les réserves de Vavres, ne pouvaient former une colonne expéditionnaire, équivalente à notre aile droite forte de 33,500 hommes?

Est-il matériellement évident, que cette marche eût été pour nous de beaucoup moins de quatre lieues en moyenne, exigeant au plus quatre heures; et que nous serions arrivés à Maransart, ou plutôt à Ayviers sur les arrières de Bulow, à une heure au moins aussi favorable que celle qui résulte de la marche précédemment discutée?

Nous placerons ici une réflexion commune à toutes les

suppositions de marches, et s'adressant à l'exception fondée sur le doute exprimé : *que le matériel des corps eût pu suivre l'activité de leur marche.* — Nous croyons que la cavalerie d'Exelmans et de Valin, forte de 4,700 hommes, eussent de beaucoup devancé l'infanterie, qui peut-être eût trouvé peu de chose à faire à l'arrivée ; nous croyons surtout, qu'à ce moment de l'arrivée, les munitions étant de part et d'autre épuisées, l'artillerie était devenue chose de simple luxe, et que la question se résumait toute entière *sur les sabres et baïonnettes, à l'exclusion même des balles.*

Grouchy 45
Charras 658

MARCHE VERS PLANCENOIS A 4 HEURES.

C'est pour ce moment de la discussion, que nous avons réservé ce prétendu désastre général, dans lequel M. Charras a entrepris d'envelopper en toute hypothèse, la totalité de notre armée.

Les mouvements de troupes venant en aide aux autres suppositions, il est admissible que ce serait plutôt avant qu'après quatre heures, que M. Zenovicz aurait remis au maréchal Grouchy, à la Baraque, la dépêche « *Marche vers l'Empereur. Bataille engagée.* » Que le conseil de Gerard de marcher au canon aurait été renouvelé avec une insistance dogmatique, et accueilli avec une persistance négative.

Charras 564

(Lettre du maréchal Gerard publiée dans les journaux les *Débats* et la *Législature*, le 28 octobre 1842.)

Depuis midi la malheureuse aile droite ne se présente

aux yeux du lecteur, que comme ayant agi par tâtonne-
ments, mouvements partiels et sans liaison, sans objet
commun déterminé, comme ayant joué à Colin-Maillard.
Ainsi pour donner suite à l'hypothèse d'une opération
d'ensemble décisive, il faut représenter aux yeux du lecteur, les corps respectifs daus la position où ils étaient
alors.

Les principales forces prussiennes laissées sur ce terrain, quoique avec l'ordre formel de marcher le plus tôt
possible sur Waterloo, avaient amusé nos têtes de colonne, dans l'espace compris entre Manil, l'Auxel, Neuf-
Sart, Limelette et Vavres, lorsque peu avant quatre heures Vandamme eut commencé à en canonner le faubourg,
la colonne expéditionnaire forte de 18,000 hommes environ, témoigna sa reconnaissance de cet hommage rendu
à la ville, en lui tournant le dos, et s'aroutant vers
Waterloo. Alors Vavres se trouva dans l'état de ville as-
siégée, condition acceptée avec joie par Thielman dont
les positions étaient prises ; et l'aile droite se trouva,
indépendamment de tout ordre central, de toute résolution commune précisée, par le seul fait de son état d'a-
narchie, dans la position fatale d'armée assiégeante.

A ce moment de quatre heures, les forces prussiennes
restant à Vavres se réduisaient à 16,000 hommes, parce
que Thielman avait ajouté une de ses divisions à la colonne expéditionnaire, fixée d'abord à 13,000 hommes,
et qui se trouva ainsi être de 18,000.

Si à quatre heures et demie, il n'était plus temps de
porter la victoire à Waterloo, peut-être était-il temps en-

core d'y modifier une défaite, ou au moins d'y prévenir un désastre. La responsabilité d'une détermination personnelle disparaissait, lorsque la dépêche suivante, portée par M. Zenovicz, vint intimer un ordre formel, *absolu par ses termes, suprême par ses droits*. Devant lui, l'impossibilité seule peut justifier l'inexécution, — Ici l'argumentation de M. Charras tombera devant l'erreur capitale, matérielle, dans laquelle il a été induit par des données plus qu'inexactes, sur l'heure de réception des deux dépêches de l'Empereur.—Voici la dernière :

Thiers 266
Grouchy 67 69

18 juin, à une heure après-midi,

Monsieur le Maréchal,

Vous avez écrit à l'Empereur ce matin à trois heures, que vous marcheriez sur Sart-à-Valain, donc votre projet était de vous porter à Corbaix et à Vavres: Ce mouvement est conforme aux dispositions de Sa Majesté qui vous ont été communiquées. Cependant l'Empereur m'ordonne de vous dire, que vous devez toujours manœuvrer dans notre direction, et chercher à vous rapprocher de l'armée, afin que vous puissiez nous joindre avant qu'aucun corps prussien se mette entre nous. Je ne vous indique pas de direction ; c'est à vous à voir le point où nous sommes pour vous régler en conséquence, et pour lier nos communications, ainsi que pour être toujours en mesure, de tomber sur quelques troupes ennemies qui chercheraient à inquiéter notre droite et les écraser.

En ce moment la bataille est engagée sur la ligne de Waterloo, en avant de la forêt de Soignes, le centre de l'ennemi est à Mont-Saint-Jean ; ainsi manœuvrez pour joindre notre droite.

Signé : le maréchal duc de Dalmatie.

P.-S.— Une lettre qui vient d'être interceptée, porte que le général Bulow doit attaquer notre flanc droit; nous croyons apercevoir ce corps sur la hauteur de St-Lambert, ainsi ne perdez pas un instant pour vous rapprocher de nous et nous joindre, et pour écraser Bulow que vous prendrez ainsi en flagrant délit.

Signé : le maréchal duc de Dalmatie.

Alors plus de doutes, plus d'ambiguités. Les mots sur Corbaix et Vavres ne sont évidemment qu'une simple acceptation du passé, parceque le canon de Le Debur et Exelmans a été entendu à Waterloo. Le seul avenir de l'ordre consiste : *dans un rapprochement immédiat; l'interposition entre tous corps ennemis; l'indication de la présence imminente de Bulow, et de la nécessité de jeter sur lui l'aile droite en avalanche.* — L'exécution était-elle possible?. . Ici l'aile droite assume une immense faute, sur qui doit-elle rester fixée?

67

566

Ce n'est qu'après six heures, qu'un entrainement inconsidéré, dont l'ordre eût été coupable, a précipité le corps de Vandamme dans le gouffre de Vavres. A quatre heures et demie encore, son corps s'étendait sur les hauteurs de Sainte-Anne à Bierges. Celui de Gerard, y compris la cavalerie de Vallin, s'allongeait à la suite de Vandamme jusqu'à Limale et Limelette. Celui d'Exelmans couvrait un peu en-dessous la droite de Vandamme. Pajol et Teste marchaient dans une direction convergente et rapprochée, sur la ligne de Tourinnes à Limale.

A la même heure, quatre heures et demie, les 16,000 hommes de Thielman étaient en position : partie dans Vavres, partie sur la ligne de Bas-Vavres à Bierges et Limale; sur les hauteurs, couverts par la Dyle, dans la meilleure position possible pour la défense, mais non pour l'attaque.

Tel était l'état des choses, lorsque l'aile droite a eu à résoudre, la dernière question de vie ou de mort pour l'armée.

5

POSSIBILITÈ ET COSÉQUENCES DE CETTE MARCHE.

Nous avions déjà, et nous venons encore de replacer le corps de Gerard, dans une marche allongée à la suite de la colonne principale; et quelque contestée qu'ait été cette affirmation, nous la maintenons encore parce qu'elle est la vérité; mais cette vérité cadre également avec la position relative, qui a été attribuée au subordonné à l'égard de son supérieur.

En effet, placé dans la position la plus rapprochée et la plus favorable, Gerard avec Vallin pour avant-garde eût fait tête de colonne; Vandamme eût fait suite bientôt couvert par Exelmans; et Pajol avec Teste se fussent trouvés', par simple continuation de leur marche, arrière-garde de la colonne,

La colonne prussienne qui avait quitté Vavres à quatre heures, n'eût pu faire retour sans livrer une avance considérable; il est impossible d'admettre que Thielman eût pu aussitôt reconnaître, le mouvement opéré par Gerard à une lieue et demie de lui, et masqué par Vandamme. Les deux colonnes respectives n'eussent donc été à hauteur que sur la droite de la Dyle, au-delà de Limale et Limelette déjà à la disposition de Vallin, et ce n'est que dans la direction ultérieure seulement, que par suite de leur convergence, un rapprochement et une collision eussent pu avoir lieu entre elles. — Or, la colonne prussienne était de 18,000 hommes, quelque renfort qu'eût pu lui donner Thielman qui ne pouvait dégarnir Vavres, elle n'eût jamais été équivalente à notre aile droite forte de 33,500 hommes; et la défensive ayant avantage sur l'offensive, quel que fut le détachement que Grouchy eût du laisser pour contenir cette colonne, il lui fût resté quinze à vingt mille hommes; à jeter en avalanche sur nos ennemis de Waterloo.

Toute discussion serait inutile avec quiconque méconnaîtrait : que la colonne prussienne pressée au même degré que la nôtre par les ordres les plus incessants, inférieure en force numérique, eût évité notre approche beaucoup plus que nous la sienne; que l'une et l'autre, sur une ligne quasi-paralèle, eût marché au canon sans dévier; que l'une comme l'autre eût pu apprécier l'intensité de la bataille par le bruit du canon, et son issue fatale par le silence du canon et les quelques fusillades qui ont jalonné la retraite. Ce n'est donc qu'au moment de leur jonction avec leurs nationaux, qu'un rapprochement et une collision eût pu avoir lieu entre ces colonnes ennemies, parties ensemble de Vavres, et ayant marché coude à coude sans vouloir ni pouvoir se heurter.

Avant huit heures, aucune indication venant de la bataille, n'aurait dévié la colonne prussienne de sa ligne de marche, fixée et limitée à Couture par ordre précis. Aucune n'aurait dévié la nôtre de Plancenois, et un écart de quatre mille mètres au moins à vol d'oiseau, l'eût séparée de la colonne ennemie.

Abdiquant pour ce moment suprême, toutes prétentions à une victoire, sur laquelle la Providence seule pouvait alors statuer; supposant que notre défaite eût été accomplie à huit heures, et que Blucher entraîné par une fougue que nous n'avons jamais reconnue que guidée par la prudence, eût déchainé sur notre retraite tout ce qui n'avait pas combattu à Waterloo; supposant ainsi ce qui n'a pas existé de fait, bien qu'il eût sous la main sa dernière colonne; admettant en un mot un va-tout général respectif, qu'en fut-il résulté?

Charras 384 390 677

Carte n° 5

La carte sous les yeux, nous demandons s'il ne tombe pas sous le sens : que notre colonne inclinant par sa gauche vers la ligne de retraite, avec une avance ou écart de 4,000 mètres, eût immédiatement et sans obstacle occupé la chaussée de Charleroi; que, formant réserve à l'armée défaite, elle lui eût reconstitué un ensemble; que Genappe et la forte ligne de Bousval eussent été en notre pouvoir, et que là, de larges ponts, des gués faciles et un terrain aplani, eussent offert une position favorable à la défensive, ou au moins un écoulement majestueux à la retraite.

Charras 515 576

Nous demandons enfin, si cette manœuvre n'eût pas sauvé des pertes immenses en hommes et en matériel; et si dans les trois suppositions de marches qui ont été mises sous les yeux du lecteur, il existe une éventualité quelconque, qui eût pu placer l'aile droite dans une position plus funeste à elle-même et à la patrie, que celle qu'elle s'est faite dans le gouffre de Vavres?

Aucune panique n'ayant eu lieu dans notre armée, tandis qu'il en a été autrement chez l'ennemi, dont à sept heures encore l'état moral était bien inférieur au

Charras 295 296

nôtre; nous osons dire que cette dernière marche, la moins favorable de toutes, ne présente à nos yeux que trois chances.... *victoire éventuelle,.. retraite garantie... déroute impossible!*

Mais nous trouvons que, dans son argumentation trop péremptoire, l'illustre historien a tenu en réserve un élément infaillible du prétendu désastre général, dans lequel il *veut* que toute marche vers l'aile gauche, eût englouti l'aile droite avec elle. — En effet, si le chef supérieur de Vavres, doué à midi d'une faculté surhumaine de divination, par laquelle il eût reconnu à deux lieues de distance l'entrée en marche de notre aile droite; muni de pouvoirs que sa position, ne devait point comporter, eût conservé à quatre heures de si hautes facultés, devenues par les faits bien autrement efficaces.,... alors Thielman eût retenu à Vavres la dernière colonne arrivée inutile à Waterloo, et restée inutile encore le lendemain; et dans la nuit du 18 au 19, ce vainqueur fictif au lieu d'être contraint à évacuer la ville, en eût fait le tombeau de toute notre aile droite; le désastre eût été plus absolu à Vavres qu'à Waterloo!! L'antechrist de M. Charras eût été précipité au plus profond dans l'abime!!

Si les documents que nous avons produits, et l'argumentation dont nous avons puisé les éléments aux meilleures sources, ne portent pas la conviction dans l'esprit du lecteur, alors il appesantira sur nous l'anathème lancé par un respectable historien, contre tout écrivain *servile*, c'est-à-dire *contradicteur*.

Servile au respect de ce que nous croyons être la vérité historique, nous honorons chez M. Charras, une religion de travail qui aura doté l'histoire d'un très-précieux recueil de documents. Nous désirons que son œuvre reste, comme elle paraît l'être déjà, la base et le centre de toute discussion contradictoire; alors procédant de termes certains, la décision restera d'autant plus saillante, qu'elle aura été plus puissamment discutée. —Débiteur envers M. Charras des principaux éléments de ce travail, nous adressons un respectueux hommage à sa mémoire; tout en produisant de nouveaux éléments à des conclusions opposées aux siennes, et qui nous semblent plus conformes à la vérité historique, comme au sentiment national.

CHAPITRE III.

Preuves par le Débat de 1840.

Nous aurions vivement désiré ne distraire en rien l'attention du lecteur, de la partie exclusivement historique de ce travail ; mais la nécessité de replacer les déclarations dans leurs conditions d'autorité, nous entraîne à quelques explications personnelles.

De grandes fautes commises à l'aile droite de notre armée les 17 et 18 Juin 1815, resteront à jamais dans l'histoire, la cause toute principale du désastre de Waterloo. Depuis cinquante ans ces fautes sont rejetées de l'un à l'autre, tantôt au détriment du chef suprême, tantôt à celui des chefs secondaires, et trop souvent au gré des passions personnelles ou politiques, obscurcissant la démonstration sincère et didactique des faits. Cependant l'histoire marchant imperturbablement vers la vérité, chacun de ses pas désintéresse de plus en plus les conceptions du grand chef, et le fardeau tout entier tombe en s'appesantissant au-dessous de lui.

Les polémiques ont assez désigné les hommes, qui ont

ressenti le besoin de purger leur responsabilité personnelle, et de tristes récriminations respectives, ont conservé assez de lumières sous les voiles jetés en avant de l'histoire.

Il n'est nulle part méconnu, que la mésintelligence entre les chefs de l'aile droite, a été la cause la plus efficiente de ce malheur national; et nulle part on ne trouve dans les actes du maréchal Grouchy à cette époque, que l'agression ait pu être de son fait.

Un laps de cinquante années a déjà dissipé nombre des fascinations subies par l'histoire, et la démonstration des causes de ses erreurs sur les faits, de ses préférences ou exclusions sur les témoignages, tend à modifier encore progressivement ses conclusions définitives. Mais son œuvre ne sera point achevée, tant qu'elle n'aura pas fait justice des polémiques, et apprécié par elles, telle qu'elle a du être dans tout son vrai au milieu des événements, la position du chef supérieur de l'aile droite ; tant que le mobile des animosités maintenues pendant vingt-cinq ans contre le maréchal Grouchy, n'aura pas été disséqué à suffisance, pour expliquer l'outrage public qu'il a subi par le libelle diffamatoire du 27 mai 1840.

Le sens moral de l'histoire a pu permettre, que l'outrage personnel reste suffisamment effacé, par le mépris public et la déchéance de son auteur; mais non pas qu'un fait de la nature la plus coupable, la plus significative, étant mis à découvert par cet outrage, son objet *essentiellement politique* restât sans explication.

Cet objet politique, ressort des explications même données

par l'auteur du libelle, sur le fait du 30 Juin 1815, lorsqu'elles constatent : que le même jour, à la même heure, où le maréchal Grouchy déposait à Paris son commandement devenu impossible, son chef d'état-major était à dix lieues de là, outragé et mis en danger au milieu de ses soldats ; que cet acte de rébellion était accepté, par ceux-là même dont le devoir était de le réprimer. Que l'autorité militaire, les droits de l'honneur personnel, le droit des gens étaient violés, en la personne d'un parlementaire et celle du représentant du chef de l'armée ; et alors qu'aucune méprise n'était possible, ni à l'égard de l'homme, ni à l'égard d'une mesure évidente de salut commun,

Ce digne soldat, envoyé le 28 juin comme parlementaire au camp ennemi, d'après une mission *ultra-officielle*, prescrite en double emploi par le gouvernemet lui-même et l'autorité militaire, ramenait le 30 vers le ministre de la guerre, un aide-de-camp de Blucher porteur des conditions d'un armistice sollicité. — Les deux parlementaires ont subi les mêmes outrages et les mêmes dangers, au milieu du corps d'armée sous les ordres de Vandamme. — Le Prussien ayant constaté les faits et refusé en résultance de donner suite à sa mission, il ne peut rester douteux, que cette violation du droit des gens, a été la cause de la recrudescence d'irritations, que l'histoire attribue au maréchal Blucher en ce moment même. — En ce qui concerne le parlementaire français, les conséquences données au méfait, lui confèrent de toutes autres proportions que celles d'une erreur de soldats. Bien que le caractère personnel du général fût parfaitement connu de la plupart des chefs ; bien que pas un n'eût un doute sur sa mission et le double titre d'inviolabilité qu'elle lui conférait ; bien que pas un n'ignorât, qu'il ne pouvait avoir en cette occasion, d'autre rôle que celui de simple comparse... *une simulation odieuse a eu lieu*. — Des bruits d'une arrestation *fausse* et d'une trahison plus *fausse* encore, ont été propagés dans l'armée ; une dénonciation fallacieuse a été adressée en ce sens au président du gouvernement, au chef à jamais historique des influences qui ont dominé sur ces jours de sinistre mémoire, à ce duc d'Otrante en un mot, près duquel de semblables relations assument suspicion de complicité.

Jamais personne n'a supposé, (ce qui eût été absurde), qu'une telle démonstration pût avoir pour objet direct, un chef très inférieur, sans troupes et sans moyens d'action ; mise en rapport avec une autre accusation portée par le même libelle, celle-ci va acquérir son caractère incontestablement réel.

Le maréchal Grouchy commaudait en chef les deux ailes qui composaient l'armée du nord, et ramenait personnellement par Soissons celle qui avait combattu à Waterloo. Vandamme commandait l'autre aile, qui avait été l'aile droite en Belgique. La jonction des deux ailes s'opérait le 28 vers Villers-Coterets ; le libelliste de 1840 qui commandait une division dans cette dernière colonne, a adressé à ce sujet par le même libelle au maréchal Grouchy, une accusation jumelle de celle du 30 ; accusation, que du reste, il a dû rétracter, avec plus d'efforts il est vrai, mais avec non moins de honte que l'autre. Or, tous ces faits s'ajoutant à la position du libelliste en 1840, le but réel des actes du 30 juin n'en ressort-il pas jusqu'à la dernière évidence ? A-t-il pu être autre, que de briser en éclats sous Meaux, le bâton de commandement que le maréchal Grouchy déposait à la même heure à Paris, lorsque, suivant l'expression de M. Quinêt, *les accusations commençaient à l'entamer* ?...

Ce débordement des animosités contre le maréchal Grouchy le 30 juin, peut-il être sans afférence à sa position comme chef supérieur, les 17 et 18 du même mois ?...

La scandaleuse arrogance des accusations du libelle de 1840, mise en rapport avec l'infime obséquiosité des désaveux, dévoile-t-elle une pression proportionnée à l'orgueil de l'auteur ?

La nouvelle explosion de ces bravades en 1840, n'acquiert-elle point un surcroit de signification, dans sa simultanéité avec le grand évènement de l'époque ; avec cette transaction d'amortissement, si pompeuse alors, si féconde depuis, qui fut offerte par la royauté à l'empire ?

Ce fait du 30 juin, qui des accusés retombe nécessairement sur les accusateurs, a été l'un des plus concluants de cette série d'actes ténébreux, qui ont eu lieu du 27 juin au 3 juillet ; et s'il est au-dessous de la qualification précise de trahison, il assume au moins celle de *manœuvres criminelles*, de *corruption de soldats*, empruntées au libelliste de 1840. Ces manœuvres et cette corruption qui ne peuvent se résumer sur un homme seul, accusent et dévoilent incontestablement l'action des partis, qui sur les ruines de la patrie, tendaient à saisir par la fraude et l'intrigue la succession vacante de l'Empire. Leur confession involontaire dans les temps ultérieurs, a produit à cet égard assez d'autres témoignages.

Chacun de ces partis a effectivement obtenu à tour de rôle cette écrasante succession. — Chacun après l'avoir arrachée à l'autre, l'a possédée plus ou moins longtemps dans la proportion de ses mérites. — Chacun a luxueusement dévoilé aux yeux de la France et de l'univers, son impuissance originelle à conserver. — Et tous, par leur triple chute, ont inauguré les conditions d'un pouvoir durable, chez un peuple qui a conscience de sa force et de sa dignité.

Sous le règne effectif de ces trois partis, leurs hommes de 1815 sont facilement reconnus, et entre tous ce lieutenant de Vandamme et Bourmont, qui ayant glané et moissonné dans chacun des partis, s'est officieusement rendu la personnification de celui qui dominait de si haut en 1840 ; qui a démontré alors par son œuvre : qu'en ce qui concerne le maréchal Grouchy et ses adversaires, c'est 1840 qui doit juger 1815 ! ! — Nous faisons donc appel à la sincérité du lecteur, et demandons : si de 1815 à 1852, sous la pression d'intérêts aussi complexes, aussi farouches, aussi contemporains, l'impartialité de l'œil de l'histoire a pu traverser tous les voiles ?

Ni le général Le Sénécal, ni les représentants de sa mémoire, ne se sont introduits spontanément ou officieusement, dans la cause et les agitations de gloire, entre le maréchal Grouchy et ses adversaires. Le Général a

donné ses déclarations à très grand regret, et parce
qu'elles étaient ardemment sollicitées, au nom de l'honneur et du malheur ; parce qu'elles étaient un devoir de
son titre officiel ; parce qu'il y avait noblesse ct péril à
intervenir. Il se trouve après quarante ans les avoir données, parce que consacrées par le mobile odieux du libelle de 1840, elles devaient devenir un jour utiles à
la vérité historique.

Le représentant de la mémoire du général Le Sénécal,
est également loin d'être intervenu spontanément dans le
débat de 1840, et d'avoir accepté pour cette mémoire
une attitude de vassalité. Il accepte avec fierté un rappel
des déclarations, quoique fait en dehors de lui, parce
qu'elles trouvent dans la correspondance préalable, un
caractère d'intégrité scrupuleuse qui mérite confiance et
respect, parce qu'elles sont relevées de tout désaveu,
comme étant en réalité la simple confirmation des asser-
tions autographes du maréchal Grouchy. — Parceque c'est
lui-même qui replacé dans son meilleur âge, vient ainsi
faire justice de nombre de désaveux ultérieurement introduits dans sa cause ; et encore lui-même qui vient
effacer ou assumer le stigmate du mot *erreur*, apposé sur
ce qui est le point essentiellement capital et historique
des déclarations.

Sans aucun doute les documents que nous avons produits, eussent échappé à notre propre examen, si une
publication dont le mobile restera peut-être plus respectable qu'efficace, n'avait pas remis en cause une mémoire qui doit nous être sacrée. Pour justifier l'intégrité
des déclarations, nous avons été conduit pas à pas dans

la rédaction d'un travail approfondi, et nous avons démontré, utilement peut-être pour l'histoire, l'exactitude matérielle de chaque détail ; nous avons fixé et précisé ainsi telle qu'elle a été constituée, la solidarité réelle mais trop souvent compromise, qni existe entre le chef et le subordonné, par le fait d'une conformité sincère de souvenirs et d'aperçus. — Pour désintéresser notre nom du rappel qui a été fait du débat de 1840, et rétablir notre individualité méconnue ; nous avons dû préciser, pour la limiter aux seules opérations militaires, la participation du général Le Sénécal, dans les derniers actes du commandement du Maréchal. — Nous avons dû surtout protester, que nous considérerions comme un opprobre pour la famille, qu'une mémoire dont nous avons été les meilleurs gardiens, fût en dehors de nous placée sous l'amnistie du désaveu forcé d'un pamphlétaire, et non pas sous la sauvegarde de son bon droit et de l'équité publique.

En terminant ce travail, au titre de simple continuateur, d'un homme dont la vie privée a justifié la vie publique, nous avons la conviction que sa mémoire accomplit un devoir d'honnête homme ; que nous même ne dépassons pas les limites de ce devoir ; que nous ne mettons les personnes en cause que par les nécessités des faits, et n'ouvrons carrière à aucune déduction de nature à entacher aucune mémoire ; que par la conservation de documents dont un dévouement honorable a été la source, notre auteur aura contribué à rétablir entre tant de controverses opposées, un équilibre non moins favorable à la mémoire militaire du maréchal Grouchy, qu'à la vérité historique.

« Nous espérons enfin, comme citoyen, que plus la lumière sera répandue par une profonde analyse des faits, plus il restera démontré au profit de l'avenir : que pour tout agent, militaire surtout, faire défaut à l'autorité, est faire défaut à la gloire et au salut de la patrie.

Charles LE SÉNÉCAL.

FIN.